당신이 듣고 싶은 말은
최종
합격입니다

———

유혜빈 지음

힘움

모두를 위(WE)해

이 책은 부모님과 학생이 서로의 생각을 공유하며 읽을 수 있는 책입니다.

이 책은 형식에 얽매여 있지 않은 지은이의 실제 이야기를 담은 이야기입니다.

이 책이 모든 분에게 위로가 되고, 궁금증이 해결될 수 있는 책이길 희망합니다.

학생을 위한

· 고등학교 지원서 인문계고 vs 특성화고 고민하는 학생을 위해

· 취업 준비 시즌이 다가온 전국의 고등학교 3학년 학생을 위해

부모님을 위한

· 자녀와의 진학 갈등에서 고민이 많은 부모님을 위해

· 자녀 취업 준비에 정보를 얻고자 하는 부모님을 위해

사회 초년생을 위한

· 사회가 처음인 초년생을 위해

· 고졸자를 위한 정부 보조 정책이 궁금한 초년생을 위해

나는

_____년 _____월

_____에

최종 합격했다.

본인이 입사하고 싶은, 평소 눈길이 갔던 기업을 하나 정해 밑줄에 적어보세요.

이 페이지는 서로가 꿈 꾸는 것이 다 다르기 때문에 나만의 책이 됩니다.

형식에 제한은 없습니다. 밑줄에 본인이 원하는 모든 것을 적어 보세요.

긍정 확언으로 우리는 이렇게 목표 하나를 가지게 되었습니다.

유 혜 빈 Hannah Yu

대회 및 수상 이력

충남상업경진대회 창업실무부문 동상	충청남도 교육감
2019 비즈쿨 CEO 경진대회 우수상	순천향대학교 창업지원단장
제16회 특성화고교생 사장되기 창업대회 대상 (Be the CEO's)	중소벤처기업부장관
충남상업경진대회 창업실무 부문 은상	충청남도 교육감
충무인품 우수인재증	충청남도 교육감
나만의 내 나라 비대면 인생 여행지 추천 대회	문화체육관광부 장관
올해의 블로거 상(인플루언서)	한국체험단협회장

대외 활동

대한민국 3대 산(한라산, 지리산, 설악산) 종주	국토대장정
호주 시드니 직무 체험과 문화 탐방 활동	글로벌 연수
문화재를 활용한 지역 홍보 책자 만들기	봉사 활동
근로복지공단 고용·산재보험 가입발굴단	봉사 활동
창의적 아이템 발굴 및 사업 계획서 작성	대회 참가

경력 사항

한국수자원공사(K-Water) 본사
- 재무관리처 자산기획부

- 댐 국유재산 재산권 관리
- 타 기관 소유 토지 행정 절차 이행
- 주요 국유재산 관리 현안 파악
- 수공법 개정에 따른 불법 점유 행정대집행 시행

환경부 산하 환경보전협회 본사
- 홍보협력처 홍보사업부

- 비점오염 관리를 위한 거버넌스 구축 및 운영
- 서포터즈 관리 및 운영
- 환경부 협력 지상파 방송 프로그램 추진
- 생물 다양성의 날 행사 여우비 캐릭터 홍보
- 음식문화개선사업 민간협력 홍보 교육 사업
- 초등학교, 중학교 교구 제작 및 홍보
- ENVEX(국제환경산업기술&그린에너지전)
- 국내, 해외 바이어 응대
- 환경부 장관과 함께하는 여우비 캐릭터 인터뷰 준비
- 정책브리핑_탄소중립 생활 실천 안내서 발행 참가
- 환경부 대변인실 주간회의 참석

(현)금융권 기업 펀드 운용사
- 리스크 관리 본부 근무

- 금융감독원 전자 시스템 보고 및 공시
- 수탁은행 자금결제 및 확인(외국환 거래 포함)
- 리스크 분석 및 관리
- 펀드 운영 및 LP 관리
- 기타 경영 지원
- 자본시장법에 따른 투자회사(기관 전용 펀드) 설립

이 책을 쓰게 된 이유가 있습니다.

한 손에 쏙 들어오는 노트를 좋아해 가방에 꼭 넣어서 다녔습니다. 출근하는 교통편 안, 카페에서 커피 마시다, 누워 있다가 갑자기 생각나는 것을 조금씩 옮겨 적었습니다. 나중에 이 노트를 가방에서 꺼내는 데 너무 적어서 그런지 종이가 불어났더군요. 그 내용이 너무 아까워 평생 간직할 수 있는 방법이 없을까 고민하다 끝내 책을 내게 되었습니다.

이 큰 땅에 지은이와 같은 고민을 가지고 있는 사람들이 분명 있을 것이라 생각합니다. 시간이 흘러 취업에 성공한, 성인이 된 자는 이 책을 읽으며 과거 학창 시절을 회상할 것이고, 취업 준비를 위해 이 책을 읽고 있는 학생인 자는 앞으로 어떻게 준비해 나가야 할지 오늘 밤 고민이 깊을 것입니다.

인간은 두 갈림길에 서서 한 가지를 선택해야 하는데, 그 선택의 첫 번째 스토리는 진로를 앞두고 하는 고민 아닐까 생각해 봅니다. 어린 나이에 처음이 어렵고 두렵지만 우리는 이 과정을 거치며 성장하게 됩니다. 이제는 노력과 간절함, 자신이 좋아하는 분야에 미치도록 집중하면 성공하는 시대에 들어섰습니다. 때문에 대학→취업이 아닌 고교 졸업→취업→대학을 택하는 학생들도 많아졌다는 것을 느낍니다.

고등학교도 점점 직업계고 위주로 세분화되고 있으니 학교 유형도 살펴보며 신중히 입학 준비를 하셨으면 좋겠습니다. 채용 시장과 방식은 매년 조금씩 바뀌고 있습니다. 기업마다 요구하는 스펙, 인재상도 다르니 여러 기업의 서류, 필기, 면접에 많이 참여해 볼 기회를 스스로 찾으셨으면 합니다. 취준생의 대부분은 지원하지도 않고, 서류 준비를 마친 상태가 아님에도 불구하고 스펙, 경쟁률, 한정된 인원 등으로 탈락 사유를 본인 스스로 만듭니다. 그런데 말입니다. 학교가 아닌 기업 하나에 입사하는 것인데, 단번에 합격한다는 게 말이 될까요? 먼저 지원부터 하고 봐야 합니다. 취업은 결국 운이 따라야 하고, 확률 싸움인 듯해요. 많이 지원할수록 합격할 확률이 높아집니다. 미처 생각지 못한 부분을 직접 해 보며 나를 더 알아가고, 자소서의 내용을 가다듬게 되고, 대화의 시야가 넓혀지며 면접 실력이 향상됩니다. 그럼 다음번 도전할 때 떨림의 정도가 줄어들어 그간 쌓아 온 실력을 보여 줄 수 있는 절호의 기회를 가질 수 있게 되지요.

3년이라는 시간은 결코 길지 않습니다. 혹 하다 보면 시간은 흐르고 골든 타임을 놓치면 졸업자, 신입생이 늘어나 취업을 하는 데 있어 경쟁률이 높아지게 됩니다. NCS 기반 역량 중심이 강화되어 기업은 다양한 분야의 경험과 경력을 듣고 싶어 합니다. 한 달 전 오늘 무엇을 했는지 기억이 나시나요? 잊어버린 것은 결코 내 것이 아닙니다. 때문에 지난날을 돌아보고 되새기는 시간이 필요합니다. 매번 되새기기는 어려우니 지은이는 경험 노트에 어떠한 역할을 맡았는지, 경험을 통해 얻은 교훈이 무엇인지를 적어 필요할 때 꺼내 보았습니다. 노트만 펴서 그때의 경험을 읽으면 되니 편하더라고요. 경험 노트 양식을 책에 넣어 봤으니 여러분이 원하는 형식으로 바꿔서 활용해도 좋고요, 그대로 써도 무방합니다.

노력, 자격, 경험은 결코 우리를 배신하지 않습니다. 쌓이고 쌓여 평생의 자산이 되니까요. 때문에 투자는 자기 계발에 하라는 것입니다. 그간의 노력과 쌓아 온 모든 것을 펼칠 준비가 되셨나요? 취업 단계의 마지막, 우리는 어느 날 면접 통보를 받습니다. 나에 대한 모든 것을 알리고 오세요. 면접관은 많은 인원을 평가하기에 모든 대화를 기억하기는 어려워요. 당신이 듣고 싶은 말은 최종 합격이라는 것을 되새기며 자신감을 가져 보세요. 면접이 끝나고 나서도 아쉬움이 남는 것보다 후련하다는 생각을 가지는 게 제일 좋습니다. 그러기 위해 격식을 갖춰서 하고 싶은 말, 그간 궁금했던 내용을 자신 있게 다 표현하고 오세요. 한 가지 기억해야 할 것은 면접관의 기억에 오랫동안 남아 있을 만한 강렬한 단어 하나를 전하고 면접장을 나오는 것입니다.

앞으로 더 크게 성장할 여러분의 미래를 응원합니다. 취업이 다가 아니더라고요. 끝없는 자기 계발과 늘 꾸준히 해야 하는 공부, 나를 아끼는 법도 하나씩 배우며 우리는 더 성장하게 됩니다. 이제 곧 스물(20) 꽃다운 나이에 들어서네요. 저는 일찍 사회에 나가 참 많은 것을 배우고, 깨닫고, 아파하며 점점 어른에 가까워지고 있습니다. 처음이 무섭지 두 번은 쉽다는 말이 있지요? 사회가 처음이라 뭘 해야 할지 모르겠고, 어렵게 생각하게 되는 그대들을 위해 미리 알려 주고 싶어요.

여러분에게도 아픔이 있나요? 한 번씩 힘들었던 시절의 꿈으로 식은땀을 흘리며 잠에서 깨어나곤 하는데요. 그간의 아픔과 상처가 너무 커서 숨겨 왔던 지은이의 실제 이야기를 이 책에 훌훌 털어 버리고 이제는 잊으려 합니다. 평소 부모님과 대화를 자주 나누고 있나요? 갑작스레 이야기를 나누다 보면 의견 차이를 좁히기 어려워요. 부모님과 이야기도 자주 나눠 보고 조언을 얻거나, 고민을 털어놓으며 확고한 목표를 정했으면 좋겠네요. 당신이 듣고 싶은 말은 최종 합격이니까요. 최종 합격을 이루고는 인생에 있어 가장 바쁠 시기인 전성기를 본인 스스로 맞이해야 합니다. 인생에 끝이 없듯 최종이라는 말은 없어요.

왜 책은 한 가지 주제로만 다뤄야 할까요? 책 제목과 같이 취업 준비 과정에 대한 이야기도 담지만, 여러 주제도 다루고 있습니다. 틀에 박힌 생각을 깨자는 게 제 철학입니다. 그저 막연히 취업만 알리고 싶지 않았어요. 이제 마무리하렵니다. 저는 이 책에 담긴 제 생각, 노하우를 딱딱한 말투로 여러분에게 알리고 싶지는 않습니다. 친근하게 다가가고 싶어요. 인생 선배처럼 때로는 친한 언니처럼 마주 보고 대화하듯 편하게 풀어 나가겠습니다. 이제 같은 책을 읽으며 공감대를 형성할 수 있다는 게 신기하고, 설레네요. 일찍 사회를 선택한 우리의 멋진 내일을 응원하겠습니다.

저자 유혜빈

．　．　．

이 책을 읽은 여러분의 후기를 기다리고 있겠습니다.

．　．　．

당신이 듣고 싶은 말은

최종

합격입니다

CONTENTS__

PROLOGUE   이 책을 쓰게 된 이유가 있습니다.   006

•PART 1   학교 선택 시기

1.   중학교 3학년이 되면 우리에게 위기가 찾아온다.   020

2.   대학 입시 준비 책은 많은데,
     고졸 취업에 관한 책은 쉽게 구하지 못했다.   023

3.   학교 설명회에 가서 현혹되지 말아라.   025

4.   부모님에게 드리고 싶은 이야기가 있습니다.   027

5.   한국의 고등학교 유형과 종류   033

6.   능력이 아닌 실력이 중요한 시대이니
     고졸을 차별할 건 아니라 본다.   038

PART 2   공공기관 탐색 시기

1.	공공기관의 유형 및 지정 조건	042
2.	NCS (국가 직무 능력 표준, National Competency Standards)	048
3.	공정 채용	050
4.	역량 중심 입사 지원서	053
5.	채용 박람회는 반드시 가 보자.	057

PART 3   정부 지원금 제도

1.	여러 혜택을 얻고 싶고, 경제적 지원을 받고 싶다면 홈페이지를 파고들어라.	062
2.	고교 취업 연계 장려금	064
3.	고졸 후 학습자 장학금(희망 사다리 II 유형)	065
4.	현장 실습 지원금	066
5.	우수 고등학생 해외 유학생 장학금(드림 장학금)	067
6.	특성화고는 지역인재 9급 공무원에 도전할 기회가 주어진다.	068

PART 4 차별화된 전략 세우기

1. 학교만 믿지 말고 내 살길을 찾아라.   070

2. 학교장 추천서는 서로를 힘들게 했다.   076

3. 기숙사를 사용하려면 알아 둬야 할 것이 있다.   079

PART 5 목표 수립 및 준비

1. 목표는 SMART 기법으로 가져야 한다.   084

2. 공기업 취업을 선택했다면 준비해야 할 것   087

3. 고졸 취업을 선택했다면 준비해야 할 것   089

4. 자격증은 미리 준비해 두자.   090

5. 고등학교 2학년 겨울 방학 때부터 이것을 시작해야 한다.   094

PART 6 　서류 전형 준비 전략

1.　공공기관은 메일이 아닌
　　온라인 입사 지원 시스템으로 접수한다.　　　　100

2.　정규직을 고집하지 않아도 다양한 길이 있다.　　102

3.　자소서는 소설책처럼 여유 부리며 읽는 게 아니다.　103

4.　본인이 쓴 글을 스스로 낭독하는 시간을 가져라.　106

5.　외국 소설가의 창조적 글쓰기에 대한
　　견해를 알려 주고 싶다.　　　　　　　　　　109

6.　나의 맞춤법이 자소서를 읽는
　　면접관의 인상을 찌푸리게 할 수 있다.　　　　111

7.　나 자신을 아는 방법 2가지　　　　　　　　　117

8.　다양한 경험이 중요한 시대에 들어섰다.　　　　121

9.　고등학교 재학 기간 내 주요 활동　　　　　　124

PART 7 　면접 준비 전략

1.　면접의 유형　　　　　　　　　　　　　　　130

2.　면접을 위한 준비　　　　　　　　　　　　　134

3.　면접 통보를 받았다.　　　　　　　　　　　　139

4.　모든 질문을 외울 필요는 없다.
　　재치 있는 표현을 섞어 답해 보자.　　　　　　141

5.　발표를 하는데 창문에 카메라가 엄청 많이 보였다.　143

6.　면접장이 아닌 대기실에서도 자세가 중요하다.　　146

7.　애매모호한 부분은 다시 들어 보자.　　　　　　149

PART 8 자기계발 시간 확보

1. 직장인이여, 자기 계발을 통해 본인의 그릇을 키워라.   154

2. 고등학교 졸업 후에도
   꾸준히 자기 계발에 시간을 쏟아라.   156

PART 9 최종 합격과 입사

1. 열아홉 최고의 생일 선물은 최종 합격 메시지였다.   168

2. 내 생애 처음 펀드 운용사에 입사할 기회가 생겼다.   170

3. 인턴 기간 우리의 자세   173

4. 인턴은 인생의 터닝 포인트이다.   176

5. 회사에서 쓰이는 용어 몇 가지   179

PART 10   저자가 바라본 사회

1.	본인이 하고 싶은 진짜 취미를 찾아야 한다.	182
2.	이 시대의 트렌드를 깊게 파고들어라.	185
3.	직장인에게 생명수는 어느덧 커피가 되었다.	187
4.	이번 기회, 내 편이 되어 줘서 고마운 주위 사람들에게 전하고 싶다.	189
5.	본인 스스로를 재촉해 성공하라.	192
6.	내 인생에 전성기가 찾아왔다.	195
7.	실패를 두려워하지 않았으면 한다.	198
8.	긍정적인 생각들로 머릿속을 채우며 힘든 시기를 잘 버텨 나갔으면 좋겠다.	200
9.	나이 앞에서 작아지지는 말았으면 한다.	203
10.	인생을 살아가며 꼭 해야 할 것들이 있다.	205

EPILOGUE   바쁘다고만 했다면 이 책을 쓰지 못했다.   212

PART 1

학교 선택 시기

01

중학교 3학년이 되면 우리에게 위기가 찾아온다.

보통은 중학교 2학년 때부터 슬슬 고등학교 선택을 위해 부모님과 대화를 하는데, 본인이 생각해 둔 학교와 부모님이 생각해둔 학교가 달라 갈등이 시작된다. 인간은 두 갈림길에 서서 한 가지를 선택해야 하는데, 그 선택의 첫 번째는 진로를 앞두고 하는 고민 아닐까…. 고작, 16살 어린 나이에 고등학교를 스스로 선택해 부모님께 말씀드리는 것도 대견하다. 그렇게 난 인생 처음 두 갈림길에 서서 오랜 고민을 해 보았고, 내가 한 선택이 미래를 어떻게 바꾸어 놓을지 모른다는 두려움에 휩싸여 확고한 마음을 갖는게 중요한 시기였다.

대부분의 부모님은 인문계 입학 후 대학을 졸업해 취업하길 원하시는 것 같다. 특성화고, 마이스터고를 희망한다고 말했을 때 우선 반대부터 하시는데, 요즘은 특성화고의 위상이 높아지는 추세이고, 취업 성공 사례가 많아 부모님들의 인식이 점점 바뀌고 있음을 느낀다.

고등학교 결정 당시 특목고를 생각하던 친구의 일화가 생각난다. 그 친구들은 미술, 요리, 음악 등 실습 위주의 예체능에 흥미를 가졌고, '와 저 친구들은 예체능이 본인의 길인가 보다.'라는 생각이 절로 들 정도였다. 본인의 목표가 뚜렷해서 특목고, 특성화고에 진학하려 마음을 굳혔지만 되려 부모님의 반대가 심했다. 그 이유는 외부에서 들리는 소문, 부모님들 사이에서 명성, 평판이 좋은 학교에 가야 한다고 하셨기 때문이다.

결국 부모님이 원하는 학교로 바꾸었고, 학원을 다니며 자격을 갖추고 있다. 물론, 나도 학생 때는 그저 유명한 곳에 가야 성공한다는 마인드를 가지고 있었는데, 입학 후 생활을 해 보니 내가 그 분위기에 휘둘리지도 않아야 하고, 학교에서 제공하는 프로그램이 무엇인지, 수업 방식은 어떠한지를 잘 따져 봐야 한다는 것을 깨달았다. 본인과 맞지 않으면 아무리 좋은 학교라 한들 나중에 과를 바꾸거나, 학교 전학까지 고려하더라. 학교는 졸업하면 그만인데 내 진로는 영원하기 때문에 자신이 좋아하는 것이 무엇인지 모르고 입학, 진학을 하는 행동은 이제 하지 말고, 본인부터 알아 가는 시간을 가져라.

대부분이 순조롭게 지내다 중학교 3학년 때 위기가 찾아오는 것 같다. 입학 시즌에 네이버를 접속해 보면 지식인에 등록된 글의 키워드가 대부분 부모님 설득, 학교 선정 등이다. 부모님이 생각하는 학교와 본인이 생각하는 학교가 대부분 다른데, 그렇다 해서 학교를 두 군데 다닐 수는 없는 노릇이다. 직업계고 인재 양성을 위해 특성화고를 마이스터고로 전환하거나, 배달의 민족 운영사인 우아한 형제들이 IT 분야 특성화고와 MOU를 맺는 등 학생들이 사회에 나가 적응할 수 있도록 기본적인 자격을 갖출 수 있게 기회를 부여해 주는 추세이다. 시대가 이렇게 변화하다 보니 인문계뿐만 아니라 직업계를 고려할 수도 있다. 그간 인문계 졸업→대학 졸업→취업 순으로 이뤄지는 게 당연한 것으로 알려져 있다 보니, 대학 입학보다 취업부터 하고 싶다는 말이 아이 입에서 나오면 부모님은 그리 반갑지는 않으실 것이다. 순서에 정답은 없지만, 현세대는 조금 다르니, 과거 말고 현재

시점을 알려 드리는 행위도 필요하다. 그리고 본인은 대학 입학보다 취업부터 하고 싶은 이유, 본인이 선택한 고등학교에 입학을 결심한 계기를 말씀드려 보자. 반대하시는 부모님에게 서운한 마음은 들겠지만 부모님은 내 딸, 아들이 잘되었으면 하는 바람에 그러시니 우선 반대의 이유를 들어 보고 어떠한 방식으로 설득할지 충분한 고민을 해야 한다. 이렇게 긴 설득을 오랜 기간 했음에도 불구하고 부모님이 아이를 믿지 않으실 때도 있다.

이는 보통 본인이 하고자 하는 것이 부모님에게 확고함이나 믿음으로 전달되지 않을 때 나타난다. 정말 힘든 시기이겠지만, 미래가 걸린 일이니 앞으로의 체계적인 계획을 학년별로 세우는 전략도 필요하다고 본다. 부모님이 본인의 인생을 대신해서 살아 줄 수는 없으니, 목표하는 바가 명확하다면 그냥 밀고 나가 보는 건 어떨까? 어른들이 독립을 강조하는 이유는 세상을 살아가며 시행착오도 겪어 보고, 이 과정에서 깨달음을 얻어 혼자 힘으로 극복하려는 힘이 생기기 때문이다. 그러니 자기주장 없이 이끌려 다니는 삶보다 주도적인 삶을 살고 그에 따른 선택을 했으면 좋겠다. 정말로 본인이 선택한 학교가 가고 싶다면, 1학년, 2학년, 3학년 때 본인이 어떤 자격증을 취득할 것인지, 대회에서 상을 받아 온다는 등의 현실 가능한 구체적인 내용을 PPT 자료에 넣어 학년별 전략을 부모님에게 발표해 보자. 그럼 간절한 자에게 느껴지는 특유의 눈빛이 부모님에게 전달돼 본인을 믿고 마음을 열어 주실 것이다.

02

대학 입시 준비 책은 많은데, 고졸 취업에 관한 책은 쉽게 구하지 못했다.

종이 줄이기, 스마트폰 활성화로 인해 전자책과 관련된 앱이 활성화되어 있지만, 아직까지 종이 촉감을 느끼며 한 장씩 넘겨 읽는 게 너무 좋다. 아무리 스마트 시대라지만 난 아날로그 감성이 맞는 듯하다. 한 달에 한두 번 정도는 서점에 꼭 들러 최근 트렌드도 파악하고, 조용한 곳에서 독서도 하고 오는데 종이책의 또 다른 장점을 하나 꼽자면 내가 얻어 가려는 글귀에 밑줄을 긋고 메모지에 중요한 내용을 적어 그 위에 덧붙이면 필요할 때 곧장 활용할 수 있다.

서점에 갈 때마다 대입 준비, 중학교 3학년 부모가 알아야 할 것, 서울대 합격 노하우 등 대학 정보를 얻을 수 있는 책은 많았지만 고졸 취업 성공 사례, 공기업 특별 전형, 특성화고 입학에 관한 이야기를 담은 책은 보지 못했다. 대학 입시 준비 책은 많은데 왜 고졸 취업에 관한 책은 쉽게 구하지 못하는 것일까…? 분명 인터넷 검색보다 책으로 정보를 얻고자 하는 사람들이 있을 것이라 믿는 중인데 아쉬움만 남기고 집으로 돌아왔다. 학교 주변에서 자주 들를 수 있는 학교 도서관과 서점에 책을 비치해 둔다면 접근성이 높아 학생과 학부모, 선생님은 이 책을 쉽게 접할 수 있다. 또, 종이책과 평소에 정보를 얻었던 자료를 펼쳐 놓고 의문이 드는 내용을 비교

할 수도 있고, 중요한 부분을 노트에 적어 자유롭게 활용할 수 있을 것이라는 기대 효과를 가져 본다.

특성화고 선택 후 준비할 게 생각보다 많았다. 자소서를 작성할 때마다 질문이 의도하는 바가 뭔지도 몰랐으며, 자격증이 많은 게 좋은 건지, 경험은 동아리 활동으로만 마무리 지으면 될지 하나를 생각하면 둘까지 생각해야 하는 상황에 놓여 있었다. 이 많은 노하우를 스스로 터득하기까지 오랜 시간이 걸렸지만, 이 책에 노하우를 전수해 보려 한다. 이 책을 읽고 기본 자소서를 한 줄이라도, 나만의 경험 노트를 한 장이라도 써 보는 사람은 3학년이 되어 취업 준비 시기에 다른 친구들보다 어려움의 정도가 한 단계 낮게 느껴질 것이라 본다.

또, 20대가 되고 보니 10대 친구들에게 미리 사회인이 되려면 무엇을 해야 하는지 알려 주고 싶었다. 학교를 벗어나면 어른이 되는 줄 알았지만 사회는 계속해서 내게 무언가를 요구하고, 직책을 부여한다. 그에 따른 책임감, 때로는 마음 아픈 일이 있어도 스스로 해결해야 하고, 본인을 성장시켜야 하는 날들을 거친다. 우리는 이 과정을 거쳐 어른이 되어 가고 있다. 끝으로 지은이가 책에 쓴 모든 이야기와 방식이 정답이라는 건 아니니 참고만 해 주길.

Q) 학교 후보 및 고려 사항을 적어보세요.

	학교 후보	고려 사항
1순위		
2순위		
3순위		

03

학교 설명회에 가서 현혹되지 말아라.

순간의 고민과 선택이 고등학교 생활 3년을 좌우한다. 미래도 달려 있는 문제이니, 장기적인 관점에서 생각해 봐야 한다. 입시 기간에는 ○○대학교 ○명 합격, ○○ 회사 최종 합격 문구를 학교 설명회 홍보지에 넣어 학생들에게 나눠 준다. 주변에서 좋은 이야기만 들려 주니, 본인의 학교 선정 기준을 고려하지 않고 특정 내용에 홀려 학교 설명회까지 간다. 어느 학교가 절대적으로 좋다는 정답은 없다. 본인이 3년 동안 다닐 학교이니, 입시 전까지는 신중히 생각했으면 좋겠다. 또, 설명회를 한 번 듣고 단번에 그 학교를 결정짓는 경우가 있다. 이는 마치 인터넷, 홈쇼핑을 보다 광고에 혹해서 필요하지도 않은 물건인데 이미 함정에 빠져, 어느새 구매 버튼에 손을 대는 것과 같다고 할 수 있다. 우리가 이 함정에 빠지는 이유는 그럴듯해 보이는 문구와 사용 효과, 연출된 것을 귀로 듣고, 눈으로 봐서다. 막상 그것을 구매하고 나면 전혀 생각하지 않은 부분 때문에, 후기를 찾아보기까지 한다. 그 후기는 먼저 사용한 사람들이 올린 것이니 더 신뢰가 가고 생생하게 들려온다. 이처럼 학교 설명회만으로는 실제 재학 중인 학생들이 학교에 바라는 점이 무엇인지를 모르니 학교에 직접 찾아가서 교내 모습과 면학 분위기도 살펴보고, 재학 중인 학생 중에 아는 사람이 있다면 만날 시간을 내어서라도 그간 궁금했던 점도 물어보며 이야기를 생생히 들어 봐야 한다. 이때들은 내용을 토대로 기존에 내가 생각해 둔 것과 비교하며 최종 결정을 내린다면 본인의 성향에 맞는 학교를 결정지을 수 있을 것이라 본다.

취업 준비반을 노려 다양한 취업 프로그램에 참여하자.

특성화고를 선택했다면 학교 내에서 자체적으로 개발한 공개채용반(이하 '공채반')에 들어가야 취업 정보, 다양한 프로그램에 참여할 기회가 주어진다. 그래서 교육 커리큘럼, 학년별로 취업 준비를 어떻게 하는지, 야간자율 학습 때는 무엇을 배우는지, NCS 이수 과목은 어떻게 수업을 듣게 되는지도 꼼꼼히 살펴볼 필요가 있다. 보다 자세한 건 하이파이브 홈페이지에 접속해서 학과 소개, 공시 정보 등을 찾아볼 수 있다.

졸업생의 졸업 후 동향을 살펴봐야 한다.

졸업 후 대부분 공기업, 공무원, 대기업, 재단에 취업을 한다. 선배들이 회사를 성실하게 다니면 그 학교 출신자를 고려하는 경우도 있고, 선배들이 노력으로 쌓은 덕을 신입생이 보게 된다. 이러한 이유로 선배들이 졸업해서 선취업 후 진학 제도를 잘 누리고 있는지, 입사한 선배들에게 좋은 소식이 꾸준히 들려오는지 동향을 파악하는 것도 학교 선정 기준에 포함해야할 것이다. 이 이야기를 하는 이유는 모든 졸업생에게 좋은 소식만 있는 것은 아니기에 해 주는 말이다. 학교의 추천으로 중소기업, 소기업에 취업해 근무 환경이 너무 열악했다거나, 가족이 운영하는 기업이거나, 일이 적성에 맞지 않아 한 달, 아니 하루를 채우지 못하고 다시 학교로 돌아오는 경우도 많았다.

04

부모님에게 드리고 싶은 이야기가 있습니다.

점점 변화되는 교육, 치열한 경쟁률 등으로 자녀 입학에 있어 많은 정보를 얻어야 하고, 고민의 시간이 깊어지시는 듯합니다. 부모님도 아이들 픽업, 수험서 결정, 학교 규정, 입시 컨설턴트 선택을 하며 아이들과 같이 학교에 다니고 계시는데, 대학뿐만 아닌 이제 고졸 취업 성공 시대가 열리다 보니 인문계를 포함한 특성화고 부모님들도 분주히 활동하심을 느낍니다.

심지어 저는 밥 먹을 시간이 없어 하교 후 학원 가기 전 부모님이 픽업 오실 때 집에서 도시락을 싸 오셨습니다. 자격증 학원 가기 전에 달리는 차 안에서 밥을 먹는데 밥이 입으로 들어가는지 코로 들어가는지 몰랐으나 허기는 채워야 했습니다. 정말 공부는 제 몫이고, 부모님의 서포트와 응원이 없으면 힘들었던 싸움이었습니다. 그렇다 해서 부모님이 입시 전문 선생님이 될 필요는 없다고 봅니다. 아이는 모든 게 처음이고, 사회 방향을 잘 모르다 보니 현실적으로 어른이 해 주는 조언을 듣고 싶고, 함께 의논해 줄 수 있는 누군가가 필요합니다. 그 누군가는 든든한 부모님이 되어 주셨으면 하는 바람일 겁니다.

이 책을 통해 대입 관련 정보를 드리지는 못합니다. 온전히 제 스토리를 담아 보았어요. 일반고를 선택하지 않은 부모님에게 더욱 도움이 되는 책입니다. 시대에 따라 사회의 분위기도 다르지요. 일찍이 취업 후 20대가 되어 느끼는 점들을 알리고 있습니다. 최근 기준 내용이 반영된 제 사례를 한 번 읽어 보시고 아이에게 조언을 줄 때 도움이 되셨으면 좋겠습니다. 일반고는 재학 기간 동안 대학에 합격하려 애를 쓰지요. 특성화고도 마찬가지로 재학 기간 내 취업을 하려 애씁니다. 각자 취업과 대학이라는 2가지 길을 선택했기 때문입니다.

입학 후부터 3년 이내 취업을 성공하리라는 마음을 먹었으나 막상 정보를 얻을 곳이 없었습니다. 서점도 가 보고, 인터넷 검색도 수없이 했습니다. 대입 관련 책은 많은데 특성화고 취업에 관한 책은 정말 없더라구요. 학교 앞 현수막의 ○○공사 ○○○ 합격, 이것 말고는요. 점점 직업계고의 위상도 높아지는데, 후배들이 이 책을 읽으며 최종 합격이라는 말을 하루 빨리 들어 좋은 성과를 냈으면 합니다. 특성화고 지원 전형, 커트라인도 점점 높아지고 있습니다. 특성화고에 떨어진다는 게 웬 말? 진짜입니다. 높은 커트라인, 다양한 입시 전형으로 떨어지는 경우도 종종 있습니다. 특성화고를 택했다면 중학교 때부터 기본적인 부분은 미리 갖춰 입학하면 순조로울 것 같습니다.

시간이 흐를수록 NCS 블라인드 채용이 강화되고 채용 방식이 바뀌고 있습니다. 다양한 유형의 문제를 풀며 스킬을 쌓고, 다양한 경험으로 승부를 보기 위해 없는 시간을 쪼개서라도 교내 · 교외 대회에 참석했는데요. 상업경진대회(이외 다수 대회 포함), 대한민국 3대 산 국토대장정, 각 정부 기관에 배치해 둘 문화재 지도 제작 등의 결과물을 냈습니다.

그러다 고등학교 2학년 겨울 방학 때부터 학교에서 지도해 주는 것으로는 한계가 있다는 것을 느꼈습니다. 학교는 많은 인원을 관리해야 했기 때문이죠. 학교만 믿어서는 안 되겠다며 혼자만의 살길을 찾아 나섰습니다. 자소서 첨삭법을 스스로 터득하고, NCS 필기 공략법이 어려워 타 지역으로 학원을 다니기 시작했고, 매일매일 사이트에 들어가 채용 공고를 확인하며 학력 무관, 자격 조건이 되는 곳은 가리지 않고 모두 지원했습니다. 기업에서 학력 무관으로 채용한다고 이미 공고문에 명시돼 있고, 자격 조건은 적합한데 가려야 할 이유가 굳이 있을까요? 그 기업을 다닐지 말지는, 채용 전형을 모두 통과하고 최종 합격을 통보받은 후에 결정지어도 늦지 않습니다. 그러니 우선 이끌리는 기업에 지원부터 해 보세요.

행복한 고민이라고 들어 보신 적 있나요? 제게 하루에 면접을 두 번 보고, 자격증 시험일과 면접일이 겹치는 날이 찾아왔습니다. 아쉽게도 대중교통으로는 하루에 두 일정을 소화하지 못했습니다. 부모님과 함께 전략을 짜서 지방과 서울을 오가며 하루에 면접을 두 번 보고, 자격증 시험 치르고 곧장 면접을 보러 이동하기도 했습니다. 이렇게 해서 나온 결과는 자격증과 면접을 동시에 합격하거나, 최종 합격한 두 기업 중 하나의 기업만을 선택해야 하는 것이었는데요. 풍요로운 결과 덕분에 행복한 고민을 했고, 잠시라도 달콤한 시간을 보낼 수 있었습니다.

지금은 취업을 하고 정부 혜택을 누리고자 틈틈이 여러 기관의 홈페이지를 조사하며 지원금을 받고, 꾸준히 제 위치를 높이고자 자기 계발을 하며 살아가는 중입니다. 솔직히 말씀드리면 과거부터 학벌은 안 보는 시대라고는 하는데, 실감은 전혀 하지 못했습니다. 그나마 현재는 학벌주의보다 개인의 능력을 중시하는 시대에 조금 가까워지는 듯합니다. 이건 지극히 제 생각입니다. 진로를 생각하지 않고 우선 대학 가서 결정짓자는 마음으로 입학했다가 학과를 바꾸고, 휴학을 선택하고, 졸업을 해서도 취업이 어려운 경우를 많이 보았기에 이를 방지하려면 공부에 대한 시간보다 아이 성향을 파악하는 데 시간을 조금 더 쏟았으면 합니다. 확고한 목표가 없으면 방황하는 시기가 옵니다. 특성화고도 취업 후 본인이 어떤 노력을 하는지에 따라 잘되는 경우도 있지만, 그렇지 않은 경우가 더 많다 보니 성공사례는 극히 일부인 점, 아이 학교 선택에 있어 고려해 주십시오.

반복하여 말씀 드리지만 특성화고에 다니며 부모님의 서포트 없이는 어렵다는 것을 깨달았습니다. 한 학기에 보통 2개의 타 지역 대회 참가, 한 달에 한 번은 자격증 시험, 예측할 수 없는 면접일, 취업 준비반까지 활동에 참석하기 위해서는 부모님도 함께 움직여 주셔야 했고, 모든 일정을 공유하는 수밖에 없었습니다. 그래서 저는 부모님과 단톡방을 하나 만들었고, 며칠까지 ○○공사 지원 예정, 오늘 몇 시 특강, ○○월 ○○일 ○○시 면접이니 ○○시까지 도착 필요, 오전 자격증 시험 보고 오후 서울로 면접 보러 이동 이런 식으로 카톡에 일정을 올렸습니다. 취업을 위해 일정을 미리 파악하고 앞서 나가는 것도 하나의 제 전략이었습니다.

부모님이 제 인생을 대신하여 살아 주실 수는 없다고 생각합니다. 저 또한 그렇게 교육을 받으며 이렇게 성장을 했고 아직까지 그 말씀이 맞다고 봅니다. 졸업 후 사회에 나가면 정말 혼자서 다 해 나가야 하는데요. 학교는 가능성이 큰 아이를 더 집중적으로 관리합니다. 학교 입장에서는 그럴 수밖에 없는 것일까요? 이러한 점에 대해 부모님과 저는 서운함을 느꼈습니다. 느낀다고 한들 바뀌는 건 없고 마음만 상하니 상위권 성적을 유지하되, 사회에 나가서도 도움이 되는 자격증을 많이 취득하자고 결정지었습니다. 간혹 자격증이 많으면 좋냐는 질문도 많았는데요. 진로와 관련 없고, 취득한 분야가 자유분방하다면 취업하는 데에 도움은 되지 않습니다. 본인이 지원하고자 하는 분야를 결정짓고 이와 연관된 자격증을 많이 취득할수록 실력을 공식적으로 증명할 수 있는 수단이 될 겁니다.

　중학교 때 공기업 취업을 마음먹고 기본적인 자격증을 미리 취득하여 고등학교에 입학했습니다. 어떤 한 학부모님이 저와 엄마에게 기본 자격증은 도움이 안 된다는 식으로 말씀을 하셨던 기억이 떠오르는군요. 가산점을 주는 필수 자격증 이외에도 기본 자격증을 취득하는 건 회사원에게 기본 중 기본이라 생각합니다. 왜 꼭 서류 전형에 득이 되는 자격증에만 집중해야 할까요? 시간이 부족하다면 어쩔 수 없지만, 직장을 다녀 보니 오히려 기본 자격증이 많으면 많을수록 일할 때 더 도움이 되어서 수월했습니다. 그렇게 말씀 주시던 학부모님은 취업 시즌이 다가와 무언가를 깨달으셨는지 그 기본 자격증을 속성으로 취득시키기 위해 학원을 알아보시더라고요. 그 모습을 제 눈으로 확인하게 되었습니다. 3년이라는 시간, 결코 길지 않습니다. 학년별로 전략을 잘 세워 2학년 겨울 방학 전까지 기본적인 스펙을 마무리 짓고 3학년 때부터는 거의 입사 지원에만 집중해야 합니다.

　최고의 효도는 아이가 잘되는 순간이라는 것을 새삼 느낀 적이 있습니다. 좋은 일은 가족에게 첫 번째로 알리고 싶어 서류 전형, 면접 통보 등 합격 메시지를 받는 족족 캡처하여 부모님께 보내 드렸습니다. 그렇게 보내 드린 사진을 하나도 빠짐없이 앨범에 보관해 놓으셨더라고요. 회사 입사 후, 신입 사원으로서 첫 업무를 배정받았는데 막중한 책임감이 느껴져 힘든 시기가 저에게도 있었는데요. 이 힘듦을 혼자 감당하기는 어려워 부모님께 털어놓는데, 갑자기 앨범 속 사진들을 보여 주셨습니다. 그 앨범 속에는 1) 제가 단상에 서서 대표로 상 받는 모습, 2) 면접장에서 받은 명찰을 부착하고 대기하는 모습, 3) 서류와 필기, 면접 전형에 합격해 다음 과정을 준비해 달라는 안내문, 4) 승무원 머리라고 알려진 머리를 하고 면접복에 구두를 신고 서 있는 모습, 5) 회사에서 제가 맡은 사업을 추진하기 위해 아이디어를 내어 실제로 채택된 자료, 6) 세종 정부청사에 방문해 회의하는 모습을 찍어서 보낸 사진들이 담겨 있었습니다. 부모님은 모든 사진을 가리키며 "이렇게 바쁘고 힘들게 준비해서 붙은 곳인데 열심히 다녀 봐. 적응되면 괜찮을 거야."라고 말씀하신 상황이 아직도 생생히 기억납니다.

이 책은 제목과 같이 중학교 입학 고민 순간부터 고등학교 생활, 취업 준비 내용을 담았고요. 졸업을 마친 제(20대의) 관점에서 앞으로 사회에 나갈 10대 친구들에게 해 주고 싶은 이야기도 넣어 보았습니다. 제가 생각나는 대로 적은 것이다 보니, 이 책은 따로 정해진 형식이 없습니다. 처음엔 취업에 관한 이야기만 해야 할지 아니면 일찍 취업해 보니 와닿은 점과 미리 준비해 두면 좋았을 것이라 여긴 부분도 포함해서 알려야 할지 고민되었는데요. 틀에 박힌 생각을 하게 되는 순간 복잡해지고, 계속해서 어렵다고만 생각하게 되더라고요. 이 틀을 깨고자 하나의 주제가 아닌 여러 주제를 담기로 했고, 학교 선정→취업 준비→기업 합격→어른이 되어서의 이야기를 생애 주기처럼 순서대로 전할 수 있게 되었습니다.

아이가 열아홉이 되는 해 좋은 소식이 많이 들릴 텐데, 얼마나 기특히 바라보실까요. 저는 아이의 최종 합격을 들으시는 그날까지 멀리서 응원하도록 하겠습니다.

05

한국의 고등학교 유형과 종류

고등학교 유형	종류
일반고	일반고, 중점학교, 자율학교
특수목적고	외국어고, 국제고, 과학고, 체육고, 마이스터고
특성화고	직업고, 대안고
자율고	자율형 사립고, 자율형 공립고
기타고	영재학교

특수목적고(특목고)를 더 세밀히 파고들어 보자.

특목고 종류	운영 목적
과학고	과학 인재 양성을 위한 전문적인 교육을 목적으로 함
외국어고	외국어에 능숙한 인재 양성을 위한 외국어 계열의 고등학교
국제고	국제 전문, 글로벌 인재 양성을 위한 국제 계열의 고등학교
예술고	예술인 양성을 위한 예술 계열 고등학교
체육고	체육인 양성을 위한 체육 계열 고등학교
마이스터고	유망 분야의 특화된 산업 수요와 연계한 고등학교

고등학교 입학 관련 정보는 하이스쿨 홈페이지에서 찾아보세요.
▶ http://www.hischool.go.kr/

특성화 고등학교 일정표는 이렇습니다.

YEAR / MONTH / DAY

(20) / (01) / (01)

D-DAY

D - 20

TODAY GOAL

NCS 수리영역 끝내기
자소서 3번 문항 마무리

WATER

TASK		TIME TABLE
○ 아침 태권도 및 식사		5:30 ~ 6:30
○ 아침 쪽잠		6:30 ~ 7:00
○ 등교 준비 및 영어단어 100개 시험		7:00 ~ 8:50
○ 정시 수업 참여		9:00 ~ 12:00
○ 점심 식사		12:00 ~ 13:00
○ 자소서 작성		13:00 ~ 14:00
○ 정시 수업 참여 or 면접 및 자소서 준비		14:00 ~ 16:30
○ 경진대회 준비 or NCS 문제 풀이		17:00 ~ 18:00
○ 저녁 식사 and 자유시간		18:00 ~ 19:00
○ NCS 오답 풀이		19:00 ~ 21:00
○ 기숙사 사생장(점오 준비)		21:30 ~ 22:00
○ 샤워 or 자유시간		22:00 ~ 23:00
○ 아침 영어 단어 시험 공부		23:00 ~ 24:00
○ 자소서 or 자격증 준비		24:00 ~ 2:30

MEMO

특목고, 특성화고, 마이스터고의 특징

특목고

외국어, 국제, 과학, 예술 등 특수한 분야에 전문적 교육을 목적으로 함.

내신, 면접, 실기 등으로 평가하여 대학 입학.

중학교 때부터 확고한 진로를 가진 학생들이 입학하여 유망 대학 진학.

특성화고

직업 현장에 나가기 전 예비 과정으로 과거에는 실업계 고등학교로 칭함.

교육 또는 현장 실습 등 체험 학습 위주의 교육을 전문적으로 실시.

대학 진학보다는 취업이 1순위.

공업, 농업, 상업, 임업, 정보 등 특화된 계열의 전문 교육 실시.

마이스터고

유망 분야의 특화된 산업과 연계한 전문 고등학교.

특목고에 속하면서도 특성화고에도 속해 있음.

교육 분야	기계, 금속 전기, 전자	에너지, 화학 IT	농수산, 바이오 해양	항만 물류 건설

특목고, 특성화고, 마이스터고의 공통점

직무 능력 중심 교육 실시
NCS 교육 과정 도입→우수 학생이 해외 기업에서 일할 수 있는 기회 부여
산학일체형 도제교육

취업 역량 강화
글로벌 현장학습 기회 제공
직업기초능력평가(의사소통, 수리 활용, 문제 해결 능력 평가)

고졸 취업 문화 확산
고졸 채용박람회(일자리 콘서트, KB 굿잡 취업박람회)
특성화고, 마이스터고 포털 운영(HIFIVE)

특목고, 특성화고, 마이스터고의 차이점

지원 시기 : 특목고(마이스터고) 10월 / 특성화고 11월
중복지원 불가 : 특목고 불합격 후 특성화고로 지원은 가능

졸업 후 진로

특성화고 : 졸업 후 특성화고 전형으로 대학 지원 가능
마이스터고 : 기업 3년 재직 후 재직자 전형으로 대학 지원 가능

특성화고, 마이스터고 뉴스

정부는 첨단 전략 산업 및 전후방 연관 산업에 한국의 강점을 보유한 반도체, 디스플레이, 배터리, 바이오, 로봇, 스마트팜, 반도체 등을 중점적으로 투자한다 밝혔다. 마이스터고, 특성화고 및 전문대생에게 유리한 소식이라고 본다.

스마트 공장 국가 자격시험 신설

2019년부터 스마트 공장이 국가직무능력기준(NCS)에 포함되었다. NCS를 기반해 전문 인력을 양성하고자 중소기업 생산 현장에 스마트 제조혁신 전문 인력을 공급하고, 재직자 전문 능력을 개발하고자 특성화고, 마이스터고 및 전문대생을 중심으로 교육과 시험을 치를 예정이라 한다.

서울시 추진 정책 '서울형 마이스터고 전환'

IT 교육에 특화된 특성화고와 마이스터고 일부는 플랫폼 회사와 업무협약을 맺었다고 한다. 정부는 디지털 인재 100만 양성을 밝히며 IT, 소프트웨어 분야 마이스터고를 더 지정하겠다고 했다. 이에 서울시 교육청은 서울 지역 특성화고를 2025년까지 '서울형 마이스터고'로 전환하기로 조희연 교육감이 밝혔다.

06

능력이 아닌 실력이 중요한 시대이니 고졸을 차별할 건 아니라 본다.

최근 기사 하나를 접했다. "직업계고 졸업생 취업률, 전국 최하위… 취업장려금 등 제안"이라는 기사였다. 지은이는 실제로 특성화고를 졸업하고 취업하여 직장에 다니고 있지만, 남들처럼 놀고 싶을 때 놀고 자기 계발을 끊임없이 하지 않는다면 몇 년 뒤 졸업할 대졸자들의 스펙을 따라갈 수 없다는 것을 깨달았다.

우리는 어차피 직업을 가져야 하는데, 이 시기가 다를 뿐, 고졸, 대졸 임금 수준 격차와 부정적 인식이 몇 년이 지나도 여전히 제자리걸음인 것 같다. 아무리 고졸 정책을 늘린다 한들 무슨 소용이 있겠는가…. 한국은 아직도 학벌 지상주의에 빠져 있다. 생각해 보면 대졸이든 고졸이든 누구나 다 신입으로서 첫 사회에 발을 딛게 된다. 회사마다 전산 시스템, 업무 분장 방식, 보고서 작성법 등이 다 다르기 때문에 신입직으로 채용하든 경력직으로 채용하든 처음엔 다 배우고 적응의 시간이 필요하다. 약간의 차이점은 전공 분야 지식을 먼저 배웠다는 것이다.

최근 한 드라마를 시청하면서 화가 난 장면이 있었다. 4년제 대졸자를 뽑는다고 했는데 어떤 한 출연자가 2년제임에도 불구하고 당당히 지원했다. 조건으로만 보면 불합격이지만, 합격 통보를 받았다. 우연히 한 임원은 그 출연자가 융통성을 보이며 일을 잘하고, 순발력 있게 손님을 응대하는 모습을 보게 되었다. 입사한 지 얼마 안 되어 승진하게 되었고 학벌이 아닌 능력이 중요하다는 것을 증명하기도 했다. 동료들은 승승장구하는 그 출연자가 못마땅해 "넌 4년제가 아니라 딱 거기까지야." "이 회사는 서울에서 명문대를 졸업한 사람들이 일하는 곳인 거 알지?" 이런 식으로 대학 하나만을 가지고 차별을 주기도 했다. 그들은 결국 그간의 행동을 후회하는 순간을 맞이하게 되었다. 출연자는 4년제 대졸자도 하지 못했던 회화 실력을 숨기다가 손님에게 일본어, 중국어, 영어 실력을 뽐내었고 또 이 상황을 임원이 확인하게 된 것이다. 학벌이 아닌 오직 실력(능력)만으로 임원을 관리하는 높은 위치까지 가게 되어 모두를 놀라게 했다. 방금 말한 이 장면을 읽고 여러분은 어떤 생각을 했을까…. 우리는 대학, 취업, 이 둘 중 어느 것부터 시작하든 각자의 위치에서 열심히 하기 위해 하루하루 살아가고 있다는 것을 알았으면 좋겠다. 그러니 전문성을 요구하는 직업을 제외하고는 미래 후배들을 위해서라도 대학을 가지고 차별하는 일이 하루빨리 사라지는 게 내 바램이다.

우리가 아는 유명 대학에 합격해서도 휴학, 자퇴, 노는 것에만 집중하는 사람들의 사례를 많이 보았다. 상황이 점점 이렇게 흘러간다면 나는 차라리 대학에 가서 이론적 공부만 하는 것보다 고등학교에서 실습수업을 하며 진로를 일찍 결정짓고 일을 빠르게 시작하다 공부를 더 해야겠다는 느낌이 들 때 대학을 진학하는 것이 더 의미 있다고 본다. 고졸로서 더 높은 위치에 서기 위해 노력하는 사람들이 많다는 것을 너무 많이 보고, 듣고 있다. 지금 상황에서 정부는 현실적으로 실업률 통계와 보조금만 지원하는 것에 신경 쓸 것이 아니라, 사회나 기업이 학벌에 대한 인식을 개선할 수 있는 무언가를 생각해 내고, 청년들이 사회에 나가 어려움이 없도록 실무적으로 도움이 되는 프로그램을 발굴해 줬으면 한다.

특성화고 기준 : 취업을 위해 준비해야 할 것

집중적으로 준비

1학년_우리는 신입생
내신 성적 관리, 다양한 교내 · 교외 활동, 각종 대회 참가

2학년_시간과의 싸움
취업 역량 강화 특강 참석, 모의 면접 연습

3학년_이제는 곧 사회인
1학기부터 온라인 입사 지원 접수

공통적으로 준비
자격증 취득, 다양한 교내 · 교외 활동, 면접 연습, NCS 필기, 출결 관리

Q) 학년 별 준비 사항을 1, 2, 3순위로 나눠 적어보세요.

	1학년	2학년	3학년
1순위			
2순위			
3순위			

PART 2

공공기관 탐색 시기

공공기관의 유형 및 지정 조건

유형 구분		공통 요건		지정 요건	
공기업	시장형 공기업	직원 정원	300명 이상	자체 수입 비율	85% 이상 자산 2조 원 이상
		총수입액	200억 원 이상		
		자산	30억 이상		50~85% 이상
	준시장형 공기업	자체 수입 비율	50% 이상		50~85%
준정부기관	기금관리형 준정부기관	직원 정원	300명 이상	중앙 정부 기금을 관리	
		총수입액	200억 원 이상		
	위탁집행형 준정부기관	자산	30억 이상	기금 관리형이 아님	
		자체 수입 비율	50% 미만		
기타 공공기관		공기업, 준정부기관을 제외한 공공기관			

공공기관 선정_잡알리오 기준

2023년 선정된 공공기관은 모두 347곳입니다.

| 공기업 32곳 | 준정부기관 55곳 | 기타 공공기관 260곳 |

*더 자세한 정보는 공공기관 채용정보시스템 접속(alio.go.kr)

공기업(시장형)

기관명	주무부처	기관명	주무부처
한국전력공사	산업통상자원부	인천국제공항공사	국토교통부
한국중부발전			
한국지역난방공사			
강원랜드			
한국가스공사		한국공항공사	
한국남동/남부/동서/서부발전			
한국석유공사			
한국수력원자력			

공기업(준시장형)

기관명	주무부처	기관명	주무부처
한전KPS	산업통상자원부	한국토지주택공사	국토교통부
한전KDN		한국철도공사	
한국전력기술주식회사		한국부동산원	
한국가스기술공사		한국도로공사	
대한석탄공사		주택도시보증공사	
한국광해광업공단		주식회사 에스알	
해양환경공단	해양수산부	제주국제자유도시개발센터	
한국수자원공사	환경부	그랜드코리아레저	문화체육관광부
한국방송광고진흥공사	방송통신위원회	한국마사회	농림축산식품부

준정부기관(기금관리형)

기관명	주무부처	기관명	주무부처
한국주택금융공사	금융위원회	중소벤처기업진흥공단	중소벤처기업부
한국자산관리공사		기술보증기금	
예금보험공사		공무원연금공단	인사혁신처
신용보증기금		한국무역보험공사	산업통상자원부
근로복지공단	고용노동부	국민연금공단	보건복지부
서울올림픽기념국민체육진흥공단		문화체육관광부	

준정부기관(위탁집행형)

기관명	주무부처	기관명	주무부처
한국환경공단	환경부	건강보험심사평가원	보건복지부
한국환경산업기술원		국민건강보험공단	
국립공원공단		한국사회보장정보원	
국립생태원		한국산업안전보건공단	고용노동부
우체국금융개발원	과학기술 정보통신부	한국산업인력공단	
우체국물류지원단		한국고용정보원	
한국방송통신전파진흥원		국가철도공단	국토교통부
한국연구재단		국토안전관리원	
한국인터넷진흥원		한국교통안전공단	
한국지능정보사회진흥원		한국국토정보공사	
한국산업기술진흥원	산업통상자원부	소상공인시장진흥공단	중소벤처기업부
한국산업기술평가관리원		도로교통공단	경찰청
한국산업단지공단		한국장학재단	교육부
한국석유관리원		한국승강기안전공단	행정안전부
한국에너지공단		한국소비자원	공정거래위원회
한국원자력환경공단		축산물품질평가원	
한국전기안전공사		한국농수산식품유통공사	농림축산식품부
한국전력거래소		한국농어촌공사	
한국가스안전공사		한국해양교통안전공단	해양수산부
대한무역투자진흥공사		한국국제협력단	외교부
한국관광공사	문화체육관광부	한국산림복지진흥원	산림청

기타 공공기관(이외 다수)

기관명	주무부처	기관명	주무부처
한국행정연구원	국무조정실	건설근로자공제회	고용노동부
한국형사법무정책연구원		노사발전재단	
한국환경연구원		학교법인한국폴리텍	
건축공간연구원		한국고용노동교육원	
경제인문사회연구원		한국기술교육대학교	
과학기술정책연구원		한국사회적기업진흥원	
국토연구원		한국잡월드	
대외경제정책연구원		우체국시설관리단	과학기술정보 통신부
산업연구원		한국우편사업진흥원	
에너지경제연구원		과학기술사업화진흥원	
정보통신정책연구원		국가과학기술연구회	
통일연구원		국립광주과학관	
한국개발연구원		국립대구과학관	
한국교육과정평가원		기초과학연구원	
한국교통연구원		연구개발특구진흥재단	
한국노동연구원		정보통신산업진흥원	
한국농촌경제연구원		한국건설기술연구원	
한국법제연구원		한국과학기술기획평가원	
한국보건사회연구원		한국과학창의재단	
한국여성정책연구원		한국기계연구원	
한국조세재정연구원		한국기초과학지원연구원	
한국직업능력연구원		한국나노기술원	
한국청소년정책연구원		한국데이터산업진흥원	
한국해양수산개발원		한국생명공학연구원	

기관명	주무부처	기관명	주무부처
한국생산기술연구원	과학기술 정보통신부	강릉원주대학교치과병원	교육부
한국식품연구원		(지역)대학교병원	
한국에너지기술연구원		동북아역사재단	
한국여성과학기술인 육성재단		사립학교교직원연금공단	
한국원자력연구원		한국교육학술정보원	
한국원자력의학원		한국사학진흥재단	
한국재료연구원		한국학중앙연구원	
한국전기연구원		88관광개발	국가 보훈처
한국전자통신연구원		독립기념관	
한국지질자원연구원		건축공간연구원	국무 조정실
한국천문연구원		경제인문사회연구회	
한국철도기술연구원		과학기술정책연구원	
한국표준과학연구원		국토연구원	
한국한의학연구원		대외경제정책연구원	
한국항공우주연구원		산업연구원	
한국핵융합에너지연구원		에너지경제연구원	
한국화학연구원		통일연구원	
국방전직교육원	국방부	정보통신정책연구원	
전쟁기념사업회		한국개발연구원	
한국국방연구원		한국교육개발원	
서민금융진흥원	금융위원회	한국교육과정평가원	
중소기업은행		한국교통연구원	
한국산업은행		한국노동연구원	
한국공정거래조정원	공정거래위원회	한국농촌경제연구원	
한국원산지정보원	관세청	한국법제연구원	
한국보건사회연구원	국무조정실	공간정보품질관리원	국토 교통부
한국여성정책연구원		국립항공박물관	
한국조세재정연구원		국토교통과학기술진흥원	
한국직업능력연구원		새만금개발공사	
한국청소년정책연구원		건설기술교육원	
한국해양수산개발원		대한건설기계안전관리원	
한국행정연구원		주택관리공단	
한국형사법무정책연구원		코레일관광개발	
한국환경연구원		코레일네트웍스	
APEC기후센터	기상청	코레일로지스	
한국기상산업기술원		코레일유통	
한국수출입은행	기획재정부	코레일테크	
한국재정정보원		한국도로공사서비스	
한국투자공사		항공안전기술원	

축산환경관리원	농림축산식품부	예술경영지원센터	문화체육관광부
가축위생방역지원본부		국립박물관문화재단	
국제식물검역인증원		대한체육회	
농림수산식품교육문화정보원		예술의 전당	
농림식품기술기획평가원		한국문화관광연구원	
농업정책보험금융원		한국문화정보원	
한국법무보호복지공단		대한적십자사	
대한법률구조공단	법무부	한국원자력안전기술원	원자력안전위원회
정부법무공단		한국원자력안전재단	
한국법무보호복지공단		한국원자력통제기술원	
한국보건의료정보원	보건복지부	한국에너지재단	산업통상자원부
국가생명윤리정책원		한국디자인진흥원	
국립암센터		한국로봇산업진흥원	
국립중앙의료원		한국산업기술진흥원	
아동권리보장원		한국에너지기술평가원	
대한적십자사		한전MCS	
한국노인인력개발원		한전원자력연료	
한국보건복지인재원		한국에너지정보문화재단	
한국보건산업진흥원			
한국보건의료연구원			
한국보육진흥원			

· · ·

유형에 따른 기관을 잘 살펴봤나요?

관심이 가거나 이끌리는 기관이 있다면 형광펜으로 표시해 보세요.

홈페이지에 접속해 기업 소개, 주요 업무 창을 살펴보면 더 좋겠지요.^^

· · ·

02

·NCS
(국가 직무 능력 표준, National Competency Standards)

산업 현장의 직무를 수행하기 위해 필요한 능력(지식, 기술, 태도)을 국가적 차원에서 표준화한 것으로 능력 단위 또는 능력 단위의 집합을 의미.

NCS(국가 직무 능력 표준) 분류

1	사업 관리	9	운전, 운송	17	화학, 바이오
2	경영, 회계, 사무	10	영업 판매	18	섬유, 의복
3	금융, 보험	11	경비, 청소	19	전기, 전자
4	교육, 자연, 사회과학	12	이용, 숙박, 여행, 오락, 스포츠	20	정보 통신
5	법률, 경찰, 소방, 교도, 국방	13	음식, 서비스	21	식품 가공
6	보건, 의료	14	건설	22	인쇄, 목재, 가구, 공예
7	사회복지, 종교	15	기계	23	환경, 에너지, 안전
8	문화, 예술, 디자인, 방송	16	재료	24	농림어업

직무 기술서

직종에 따라 분류 체계가 나뉘어 있어, 필수로 확인 후 이력서와 자소서 준비.

기관 주요 업무	능력 단위
주요 기능 및 역할	필요 기술
직무 수행 내용	직무 수행 태도

직업 기초 능력

직종이나 직위에 상관없이 모든 직업인에게 공통적으로 요구되는 기본적인 능력 및 자질을 의미.

직업 기초 능력 영역표

국가 직무 능력 표준(NCS) 분류도	
기초 영역	하위 능력
의사소통 능력	문서 이해 능력, 문서 작성 능력, 의사 표현 능력, 기초 외국어 능력
수리 능력	기초 연산 능력, 기초 통계 능력, 도표 분석 능력, 도표 작성 능력
문제 해결 능력	사고력, 문제 처리 능력
자기 계발 능력	자아 인식 능력, 자기 관리 능력, 경력 개발 능력
자원 관리 능력	시간 관리 능력, 예산 관리 능력, 물적 자원 관리 능력, 인적 자원 관리 능력
대인 관계 능력	팀워크 능력, 리더십 능력, 갈등 관리 능력, 협상 능력, 고객 서비스 능력
정보 능력	컴퓨터 활용 능력, 정보 처리 능력
기술 능력	기술 이해 능력, 기술 선택 능력, 기술 적용 능력
조직 이해 능력	국제 감각, 조직 체제 이해 능력, 경영 이해 능력, 업무 이해 능력
직업윤리	근로 윤리, 공동체 윤리

03

공정 채용

채용 과정(서류→필기→면접)에서 편견이 개입되어 불합리한 차별을 야기할 수 있는 출신지, 가족 관계, 학력, 겉모습 등의 요소를 제외하고 지원자의 실력(직무 능력)을 평가하여 인재를 채용하는 방식.

공정 채용의 필요성

1. 기존 채용 제도의 불공정 해소

기업의 불공정 채용 관행에 관한 사회적 불신 해소

차별적 채용은 기업 경쟁력 저해 요소라는 인식 유도

직무 중심 인재 선발을 통한 공정한 채용 제도 구축

2. 직무 중심 채용을 통한 사회적 비용 감소 필요

직무 관련한 채용을 통한 지원자의 취업 준비 비용 감소

기업 역시 직무 재교육, 조기 퇴사율 등 감소를 통한 채용 비용 감소 실현

불공정 채용 과정에 의한 사회적 불신 해소

3. 공정 채용 홈페이지(ncs.go.kr) 자료실 활용

블라인드 채용 가이드북

NCS 기반 능력 중심 채용 면접 가이드북

NCS 유형별 필기 문제 샘플

면접 유형별(토론, 상황, 발표, 경험 등) 평가표

채용 공고 사이트

한국고용정보원	직업 훈련 포털 HRD-Net
채용 공고 청소년 사업 성과 분석 자료 채용 트렌드 분석	국민내일배움카드 발급 일자리, 직업, 자격, 학과 정보 디지털, 신기술 훈련
공공기관 채용 정보 시스템_JOB-ALIO	**Worknet**
공공기관 채용 정보 공공기관 정보 공공기관 비교 (시장형, 준시장형, 기금관리형, 위탁집행형)	채용 캘린더 제공 직종, 지역, 테마별 채용 정보 직업 심리검사 대학 학과 검색 고용 복지 정책 및 프로그램

채용 애플리케이션

인크루트	잡코리아
합격 이력서, 자소서 조회 인적성 검사 면접 질문 유형 조회 글자 수 세기, 맞춤법 검사기 유형별 채용 정보 검색 (지역, 직종, 기업, 업종, 상세 조건 등)	글자 수 세기, 맞춤법 검사기 학점 계산기 1000 대기업 공채 정보 기업 재직자의 생생 후기담 합격 이력서, 자소서 조회

이외 방법으로는 학교 취업 전담 선생님에게 상담을 받아 보세요.

직업 적성 검사(이외 검사 포함)

기관	검사 내용
노동부	일반적성검사 직업흥미검사 직업선호도검사
청소년 워크넷	(청소년용) 직업흥미검사 직업가치관검사
커리어넷	직업적성검사 직업흥미검사 진로개발준비도검사
한국심리검사연구소	MBTI 성격유형검사 다차원인성검사(유료) 스트레스검사 학교적응검사
한국가이던스	홀랜드진로발달검사 다요인인성검사

04

역량 중심 입사 지원서

각 기업이 제시한 직무 기술서를 꼭 확인한 후 작성하세요.
(대분류 표에 적힌 직무 기술서를 출력해 두는 것도 하나의 방법입니다.)

역량 어필 방법

1. 고객 응대 역량: 아르바이트, 타 기업 근무로 고객 응대한 경험 어필.
2. 전문성: 자격증, 직무 관련 교육 이수 내용 어필.

교육 사항

학교 교육은 제도화돼야 하며, 학교 내에서 이루어지는 교육과정을 의미.

과목명	주요 내용	이수 시간	성취도

직업 교육

학교 외 기관에서 실업, 기능, 직업 훈련 교육 등을 이수한 교육과정.

교육 기관		능력 단위	NCS 코드
교육과정명	교육 내용	이수 시간	이수일

경험 사항

직무와 관련성 있는 경험을 위주로 작성.

소속 기관	활동 기간(시작일)~활동 기간(종료일)
본인의 역할	
활동(수행) 내용	

경험과 경력의 차이란 무엇일까?

경험	금전적인 보수를 받지 않고 수행하는 활동.
경력	금전적인 보수, 대가를 받고 수행하는 활동.

경력 기술서	경험 기술서
회사명: 근무 부서:	활동처: 본인의 역할:
재직 기간 　년　월　일　~　년　월　일	활동 기간 　년　월　일　~　년　월　일
주요 직무 내용 보충 내용(기여도, 성과, 수치)	주요 활동 내용 보충 내용(기여도, 성과, 수치)
성과를 낸 상황, 문제를 해결했던 상황 등	이번 활동을 통해 얻은 것(교훈 등)

앞에 글에서 "한 달 전 오늘 무엇을 했는지 기억이 나시나요? 잊어버린 것은 결코 내 것이 아닙니다. 때문에 지난날을 돌아보고 되새기는 시간이 필요합니다."라는 문장이 있다. 잊어버린 경력과 경험은 결코 내 것이 되지 않는다. 막상 지원서에 적었다 하더라도 압박 질문이 들어온다. 자칫하다가 내가 경험하지 않은 듯, 애매모호한 답변으로 마무리 지어질 수 있다. 또한, 경력이 증빙되지 않으면 접수한 서류에 허위 사실이 있는지 판단이 어렵다. 만약, 지원서에 날짜(기간), 본인 역할 등을 잘못 기재했다면 결격 사유에 해당이 돼 취소 통보를 받을 수 있으니 경력 증명서를 미리 발급받아서 보관해 두고, 이 증명서를 기준으로 작성한다면 정식으로 경력이 인정될 것이다.

경력 기술서는 입사했던 회사에서 발급해 주는 것이고, 본인이 본인 스스로에게 기술서를 발급해 줘야 한다. 한번 잘 만들어 두면 필요할 때 업데이트하여 계속 활용할 수 있으니 본인만의 기술서를 최근 맡은 업무를 기준으로 1장~2장 사이로 준비해 보자.

채용 박람회는 반드시 가 보자.

코로나19로 인해 지난 2년간 박람회가 온라인으로 개최되어 많은 사람이 생생한 현장을 보고 오지 못했다. 이번 23년도는 온라인, 오프라인을 병행했다. 꼭 가야 하는 건 아니지만, 직접 가서 현직자의 강연도 들어 보고, 공공기관 취업의 방향성을 미리 잡아 놓으며 마음을 굳게 다잡고 와야 한다. 학교에서 취업 준비만 하다가, 전국 시도 학생들의 열정적인 모습을 보면 경쟁심이 생기면서 보는 시야가 넓어지게 된다. 정말 피치 못할 상황이라면 온라인으로 실시간 영상을 본다거나, 다녀온 사람들의 후기를 카페에서 확인할 수 있으니 참고하자.

해마다 140여 개의 기관이 참여하는데, 23년에는 137개의 기업이 참여했다는 것을 봐서 참여 기관의 수는 비슷한 추세인 듯하다. 고졸, 지역 인재, 장애인, 블라인드 채용을 박람회를 통해 알려 주니 많은 학교에서 단체로 간다거나, 학생들이 따로 현장 체험 학습으로 빼서 다녀온다. 2~3일에 걸쳐 행사가 개최되지만, 모든 행사는 첫째 날 개막식을 통해 귀빈, 중요 이벤트가 열리기 때문에 아무래도 첫째 날 가 보는 게 이득이라 할 수 있다.

다양한 프로그램

채용 설명회 (채용 계획과 과정 소개)	공공기관 취업 성공 이야기 (1~2년 차 입사 선배)	인사 담당자 토크 콘서트 (공공기관 인재상 소개)
채용 트렌드 올인원 (채용 정책 변화 소개)	취업 성공 전략 특강 (NCS, 자소서, 면접 전략)	공공기관 모의 토론 면접 (모의 토론 면접 시범)

공공기관 입사 1~2년 차 선배에게 하는 질문

- NCS 난이도, 필기 공부법(봉투 모의고사, 모듈 전략 등)
- 채용 당시 면접 유형(면접 준비법 등)
- 전공자, 비전공자 여부(준비 기간 등)

(한국석유공사 예) 실제 현장에서 오갔던 채용 관련 질문

Q) 서류전형 과락 처리되는 불성실 기재는 어떤 것인가요?
- 의미 없는 문자, 숫자, 문장 등을 나열, 그대로 복사, 복수 문항에 동일 답변 반복, 질문과 무관한 답변 기입이 있습니다.

Q) 첫 근무지 배치는 어떻게 되는 건가요?
- 입사자의 희망지를 고려하되, 본사 및 지사에 모두 근무할 수 있으며 부서별 인력 현황 및 지원자의 입사 분야 등을 종합적으로 고려해 배치됩니다.

Q) 전국 순환근무제로 알고 있습니다. 오지 근무 마일리지 제도가 있나요?
- 오지 근무 마일리지 제도는 없습니다.

2023 공공기관 채용 트랜드 변경 사항

기술보증기금	토익기준 기존 760점에서 800점 변경 논의 서류전형 20배수 변경 가능성 1차 면접은 PT + 토론 + 인성면접, 2차 면접은 임원면접
한국가스공사	블라인드 채용 강화 단계적 허들 적용 NCS 직무능력 기반 채용 지역인재 채용 목표제 운영
한국산업기술평가관리원	관리운영직 새로 신설
한국전력공사	직무면접에 PT와 토론면접 추가 서류전형 커트라인 상한제 도입(일정 기준 이상 전원 합격 부여) 자기소개서 필기전형 후 제출로 변경

(공통) 채용 인원 축소

국민건강보험공단	전년대비 300명 이상 채용 축소 예정
사립학교교직원연금공단	7명으로 채용 규모 축소 예정
한국도로공사	23년 상반기 채용 없음(하반기 진행) 면접의 경우 변동 가능성 있음

금융권 취업, 은행원이 되고 싶은 자에게 금융권 채용 박람회는 더욱 추천한다.

23년 기준 64개의 금융권이 박람회에서 모의 면접과 채용 상담 실시.

모의 현장 면접 혜택

입사 서류 분석 시스템 및 메타 인지 문제 해결 게임(Problem Solving Game) 검사를 통해 선발된 우수 지원자에게는 11개 은행 면접 기회 부여.
* 우수 면접자에게는 향후 공개 채용 시 서류 전형 면제 혜택 부여(1회)

모의 현장 면접 참여(은행)

IBK 기업은행	KB 국민은행	NH 농협은행
신한은행	우리은행	하나은행
광주은행	BNK 경남은행	DGB 대구은행
BNK 부산은행		전북은행

모의 현장 면접 참여(금융 공기업)

KDB 산업은행	금융결제원	금융보안원	한국예탁결제원
기술보증기금	서민금융진흥원	신용보증기금	한국자산관리공사
신용회복위원회	예금보험공사	코스콤	한국주택금융공사
한국거래소	한국성장금융투자운용	한국수출입은행	한국증권금융

PART 3

정부 지원금 제도

01

여러 혜택을 얻고 싶고, 경제적 지원을 받고 싶다면
홈페이지를 파고들어라.

　저자는 졸업 후 한국장학재단을 통해 장려금 400만 원을 입금받았다. 꼭 고교 졸업생이 받는 지원금이 아니더라도 혜택을 누릴 수 있는 제도가 넘치고 있으니 한 번쯤 지원 내용을 구경이라도 해봤으면 한다. 한창 청년에게 주어지는 제도를 누리고자 홈페이지를 파고든 적이 있는데, 최근 서울시 거주자 조건으로 청년에게 매달 월세를 지원해 주는 제도를 알아냈다. 그냥 지나갈 수도 있는 돈인데 이 제도를 알아낸 덕에 240만 원을 받게 되었다. 지금까지 받은 지원금은 사용처가 제한적인 지역 화폐와 상품권이 아닌 100% 전액을 현금으로 단번에 받을 수 있다는 점이 가장 좋았던 것 같다.

　사회초년생인 저자는 한 푼이라도 더 모으기 위해 성인이 되자마자 오로지 정부, 기관으로부터 받은 지원금만을 저축하는 통장을 만들었다. 정해진 날짜에 정기적으로 돈이 입금되다 보니 최근 저축액이 꽤 많이 쌓인 것을 보고 놀란 적도 있다. 하늘에서 돈이 쏟아져 내리지 않는 한 세상에 공짜로 얻을 수 있는 돈은 없다. 돈도 공부해야 얻을 수 있고, 지금 이 순간에도 본인이 받지 못해 놓치고 있는 지원금이 있을 수 있으니 관심을 가져 보자. 아래 1) 고교 취업 연계 장려금의 경우 (23년 기준) 지난해보다 100만 원 인상되어 500만 원을 받을 수 있으니 특성화고에 진학 중인 학생, 관련 학교 졸업생이라면 홈페이지에서 상세 요건을 꼭 살펴보도록 하자.

대표적인 고졸 장학금 지원 제도

1) 고교 취업 연계 장려금

2) 고졸 후 학습자 장학금(희망 사다리 II 유형)

3) 현장 실습 지원금

4) 우수 고등학생 해외 유학생 장학금(드림 장학금)

* 이 모든 게 한국장학재단을 통해 이뤄짐.

02

고교 취업 연계 장려금

고등학교 3학년 학생(졸업 예정자 중)
중소, 중견 기업에 취업한 학생을 위한 장려금

지원 대상

3가지 요건 모두 충족

(기본 요건) 대한민국 국적자로 고교 취업 연계 장려금을 신청한

(학력 요건)

직업계고 3학년 및 일반고 직업 교육 위탁 과정을 6개월 이상 참여한 자

(취업 요건)

중소, 중견 기업에 재직 중이 확인된 자로 근무 시간이 15시간 이상인 자

지원 금액

신청 학생 1인당 500만 원(일시금) 1회 지급

* 2018년 기준 300만 원→2020년 기준 400만 원으로 상당 금액이 상향 조정됨.

신청 전 꼭 확인해야 할 사항

(사람 일이 어떻게 될지 모르니 우선 신청 접수라도 해 놓자. 법정 대리인 동의
서에 부모님 도장을 날인하여 기타 제출 서류와 함께 접수만 하면 된다.)

- 온라인 사전 교육 시청

- 의무 종사 기간 확인

- 일자리 사업 중복 참여 여부 확인

03

고졸 후 학습자 장학금(희망 사다리 II 유형)

선취업 후 진학자를 위한 장학금

지원 대상

대한민국 국적자로 최종 학력이 고졸이며, 성적 및 재직 요건을 모두 충족한 자

(예외 허용)

전문 학사 취득자가 전공 심화 과정 및 4년제 대학에 신, 편입하는 경우

지원 내용

현 재직 기업 유형 및 규모에 따라 등록금 차등 지원

- 중소, 중견 기업 재직자: 등록금 전액 지원

- 대기업, 비영리기관 재직자: 등록금 50% 지원

- 부모가 운영하는 기업, 공공기관: 지원 불가

신청 전 꼭 확인해야 할 사항

- 계속 장학생을 신규 장학생보다 우선 지원

- 재직 기간이 높을수록, 청년일수록, 중소, 중견 기업일수록 선발에 유리

- 학적 유지 및 의무 재직 기간 이행 필수

04

현장 실습 지원금

직업계고 산업체 채용형 현장 실습에 참여하고 이수한 자를 위한 지원금

지원 대상
(기본 요건) 국내 직업계고 3학년 학생 중 현장 실습 지원금을 신청한 자
(지원 요건) 산업체 채용형 현장 실습에 참여하고 표준 협약서를 작성한 자

실습 유형
교내와 교외 활동으로 나뉨
- 교내(1~3학년 교내 현장 실습)
- 교외(3학년 산업체 체험형, 연계 교육형, 산업체 채용형)

지원 금액
- 1일 기준 총 60,000원(국고 30,000원+교육청 30,000원) 지원
- 산업체 채용형 현장 실습을 60일 이상 이수할 경우, 지원금은 최대 60일 까지만 지원

신청 전 꼭 확인해야 할 사항
하이 파이브 시스템 내 현장 실습 내역지 작성 및 등록

05

우수 고등학생 해외 유학생 장학금(드림 장학금)

학업에 대한 의지와 열정이 있는 저소득층 성적 우수 고등학생에게 유학 기회 제공

지원 대상
요건 모두 충족
대한민국 국적을 가진 자이면서 국내 고교 2, 3학년 재학 중 해외 대학 입학을 희망하는 저소득층(기초 생활 수급자, 차상위 계층) 우수 고등학생
* 신청일 기준으로 저소득층이면서, 교육부 인가를 받은 대안학교, 특수학교도 해당

성적 기준
고교 재학 중 전체 학기 동안 이수한 국어, 영어, 수학, 과학, 한국사, 사회, 전문 교과 II 과목 중 석차 3등급 이내 또는 성취도 A 이상인 과목들의 이수 단위 합계가 3학년 기준 24단위 이상 또는 2학년 기준 12단위 이상

신청 전 꼭 확인해야 할 사항
- 유학생과 유학 준비생으로 나뉘어 지원 내용이 다름
- 지원을 계속적으로 받기 위해 일정 기준 충족 필수
- 월별로 장학생 학업 보고서 제출 필수

06

특성화고는 지역인재 9급 공무원에 도전할 기회가 주어진다.

2012년부터 고졸 인재에게도 기회를 주고자 지역 인재 9급 공무원을 선발했다. 일반적인 9급 공무원 공채는 필기를 5과목 치러야 하는 반면, 지역 인재 9급 공무원은 국어, 영어, 한국사 이렇게 3과목만 치르면 되니 준비하는 데 부담이 덜하다. 공무원을 꿈꾸고 있다면 특성화고에 진학하는 전략도 나쁘지 않다고 본다. 공무원 채용 규모가 축소되면서 작년보다 80명 적게 채용해 2023년 기준 총 300명을 선발한다.

기준
17세 이상 특성화고, 마이스터고, 종합고, 폴리텍대 등의 출신 학생 중에서 학교장의 추천을 받은 사람을 대상으로 선발
(단, 학교장 추천은 최대 9명까지만 가능).

추천 대상 자격 요건
졸업자: 졸업일이 최종 시험 예정일을 기준으로 역산하여 1년 이내인 자, 졸업 예정자
(고등학교) 소속 학과에서 이수한 모든 전문 교과목의 성취도가 평균 B 이상, 이 중 50% 이상의 과목이 성취도가 A이며, 보통 교과 평균 석차 등급 3.5 이내

채용 과정
학교장 추천→필기시험→서류 전형 및 면접→수습 근무 및 임용 심사→임용

PART 4

차별화된 전략 세우기

01

학교만 믿지 말고 내 살길을 찾아라.

자소서가 처음이라 그냥 모든 게 어려웠다. 취업을 앞둔 학교에서는 가능성과 확률이 높은 전교 1~2등을 위주로 신경 써 준다. 나는 상위권을 유지했지만, 아쉽게도 1~2등에 들지는 못했다. 취업 준비반 선생님은 그 친구들을 위주로 첨삭을 해 주셨는데 정작 난 제출 시간에 촉박하게 받은 적이 많거나, 자소서가 완성도가 높지 않아 제출을 해도 늘 불안했다. 나는 이때부터 이러다가 취업이 늦게 될 것만 같은 강박감까지 생겼다. 너무 간절했고, 내 살길을 찾아야 했기에 학교만 너무 믿어서는 안 된다는 생각이 절로 들었다.

그렇게 난 학교 도움 없이 단독으로 움직이기 시작했다. 우연히 자소서 첨삭 대행 서비스를 알게 되었는데 이건 건마다 비용이 발생하다 보니 부담되었다. 실제로 마주친 적도 없고, 이야기를 스마트폰으로만 나눌 수 있다 보니 내가 원하는 내용이 담기지 않을 것 같아 더욱 꺼려지기도 했다. 늘 취업 준비를 하며 부모님은 내게 든든한 조력자가 되어 주셨다. 결국 고모할머니의 따님이 흔쾌히 도와준다고 하셨다며 엄마는 내게 이 좋은 소식을 알리려 전화를 주셨다. 고모할머니의 따님은 직업 특성상 학회 참석과 논문 작성을 자주 하시다 보니 이 경험을 살려 뺄 건 빼고, 표현은 적절히 섞어 주며 문장을 매끄럽게 가다듬어 주셨다. 나에겐 이렇게 든든히 도와 주는 가족이 있고, 이를 응원해 주는 부모님이 있었기에 전혀 두려울 게 없었다. 아직까지도 바쁘신 와중에 틈틈이 시간 상관없이 도움을 주신 게 감사하다.

보통 대졸이 아닌 경우 공공기관에서 특성화고만 채용하는 혜택(고졸채용)이 있다. 단점은 1년에 채용 공고가 몇 개 안 올라오는데, 취업 준비반에 소속된 친구들이 모두 몰려서 하나의 기업에 같은 시간, 같은 공간에서 지원을 한다. 난 이 방법이 한계가 있다고 봤다. '채용 공고를 좀 더 찾아서 여러 곳에 지원할 기회를 나 스스로 잡는 건 어떨까?' 생각하고 무려 대졸자와 경쟁해야 하는 학력 무관에 지원하려 달려들었다. 이때 친구 한 명이 경쟁률이 높을 것이라 걱정을 해 주기도 했지만, 난 모두가 아니라 할 때 해내고야 말겠다는 용기를 가지게 되었다. 하루빨리 취업을 하고 싶었던 나는 어쩌다 보니 청개구리 심보를 가지게 되었다. 주변에서 아니라 하니 더 이뤄 내고 싶고, 열정적으로 도전하고 싶고, 학력 무관 전형으로 고졸이 뽑힌 적 없다는 현실을 내가 깨서 이번 기회에 전설로 남기고 싶었다.

고모할머니의 따님은 어릴 적부터 내 모습을 지켜봐 오셨다. 고모할머니는 어린 나이부터 바쁘게 움직이는 모습이 마치 우리 엄마의 어릴 적 모습과 같다는 말씀을 해 주시기도 한다. 이런 부분이 밑거름이 되어서 부모님의 일을 도와드린 경험을 더 구체적으로 살리라는 피드백을 주시거나, 지원하려는 분야에서 내가 갖춰야 할 자세, 주의 깊게 볼 내용을 짚어 주셨고, 내가 다양하게 활동해 왔던 경험이 생생하게 빛을 볼 수 있도록 너무나 꼼꼼히 첨삭해 주셨다. 그렇게 시간이 흘러 좋은 기회로 학교 최초 신협중앙회와 한국수자원공사 면접을 보게 되었다. 특성화고는 취업 문 하나를 뚫는 게 중요한데, 먼저 스타트를 끊고 취업을 해서 좋게 평가되면 후배들에게도 채용에 있어 좋은 영향력을 선사하기도 해서 선생님들은 이번에 나온 내 결과가 앞으로의 취업난 해소에 큰 희망이 될 거라 하셨다.

이렇게 좋은 소식이 계속해서 들리고, 조금만 더 지원하면 합격이라는 말을 곧 들을 수 있을 것 같아서 기대심이 커졌다. 어느 날 다른 기업의 자소서 첨삭을 요청을 드렸는데, 쭉 살펴보시더니, 이제 고칠 게 없어졌다는 피드백을 주셔 사실 얼떨떨했다. 그렇게 자소서는 작성법을 터득하고, 쓰면 쓸수록 실력이 는다는 말이 맞나 보다. 셀프 첨삭을 도전해 보았는데 혼자서도 합격을 이뤘다. 만약, 마냥 기다리다 완성도 높지 않은 자소서를 계속 제출했다면 지금의 나는 없지 않았을까…. 본인이 혼자서도 해 나갈 수 있는 방안을 꼭 찾는 게 1순위, 큰 경험을 해야 본인이 더 커진다는 것을 명심해 줬으면 한다.

면접 통보를 처음 받은 날, 두려움에 부모님과 이런 대화를 나눴다.

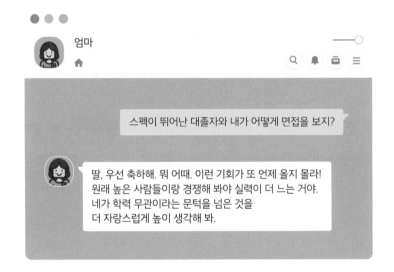

이 대화를 끝으로 학력 무관으로 **이뤄 낸 2가지 이야기**를 들려주고자 한다.

1) 신협 면접 날 노래 한 소절 부르고 온 이야기

2) 한국수자원공사에 최종 합격은 했지만 회사는 못 다닐 뻔했던 이야기

1) 신협 면접 날 노래 한 소절 부르고 온 이야기

　부모님 응원의 힘은 대단했다. 긍정적인 힘을 실어 주시면서, 면접장으로 가는 차 안에서까지 편안히 연습하라며 배려해 주셨고, 덕분에 면접을 잘 마쳤다. 아직도 신협중앙회 면접 날이 기억난다. 면접 보러 가기 전날 선생님은 내게 모두 대졸자다 보니 떨어질 수 있다는 것을 강조하시며 최선을 다하고 오라고 하셨다. 내가 너무 좋은 말만 기대했던 것일까…. 잘하고 오라는 말부터 하실 줄 알았는데 기대하지 말라는 것이 첫 마디였다. 그 말을 듣고 이 상황은 뭘까 고민했지만, 당장 면접이 코앞이라 깊게 신경 쓸 겨를이 없었다. 내가 면접장 그 자리에 있을 때를 상상하며 대졸자는 분명 경험이 더 많고 지식을 먼저 쌓고 왔으니 면접관에게는 내가 작게 느껴질 것인데, 나라는 사람을 어떻게 표현해야 면접관의 기억에라도 오래 남을까 고민했다.

　우선 집과 가까운 신협 지점에 방문해서 팸플릿, 매장 안 구조, 손님 응대 방식을 살펴보았고, 홈페이지를 샅샅이 공부하였다. 근데 매번 홈페이지를 접속할 때마다 신협 마스코트 어부바 인형이 나타났다. 홍보 영상도 시청하고, 대표적인 어부바 금융 상품들도 알게 되면서 혹시 모를 상황을 대비해 어부바 노래까지 외우게 되었다.

　본사 사옥 앞에 서 있을 때도 면접장에 도착해서도 어부바 현수막을 보게 되었다. 계속 마주치는 게 거슬려 내 눈에 띄는 이 어부바가 운명일지 아니면 신협과의 인연으로 이어질지 끝장을 보자는 마음으로 입장했다. 고요하고 무거운 분위기일 것 같았으나 마치 회사의 식구가 되어 월요일 아침 전체 회의에 참석한 듯한 화기애애함과 웅장한 기분도 느낄 수 있어 좋았고, 덩달아 내가 그 위치까지 도달할 수 있었음에 감사한 하루였다.

　면접이 끝나 가려는 시간, 면접관은 면접자들의 얼굴을 살피며 마지막으로 하고 싶은 말은 없냐는 말을 던졌다. 차마 부끄러워서 노래까지 부르고 오고 싶지는 않는데 준비해 온 게 아깝기도 하고, 안 부르고 나오면 후회할 것 같아서 집으로 돌아가는 길에 후회하는 내 모습을 보기 싫어 자신 있게 번쩍 손 들어 다음과 같이 말했다. "오늘 저는 이 자리에 있어 행복했습니다. 평소 눈길이 갔던 엄마 돼지는 늘 아기 돼지 3마리를 등 뒤에 업고 다니던데, 그 모습만으로도 고객은 든든하다 느낄 것입니다. 면접 보러 오는 날까지 어부바를 총 5번 마주쳤습니다. 어쩌면 운명이라는 신호인 것 같아 어부바 홍보 노래 한 소절 부르고 마무리 짓겠습니다. 수고하셨습니다."라고 대답했다. 이렇게 마지막으로 하고 싶은 말 진짜 다 하고 나와 찜찜함 없이 속 후련하게 집으로 돌아왔다. 결과는 좋지 않았지만 큰 경험 하나 하고 온 것에 의미를 두고 자신감이 높아져 좋았다.

2) 한국수자원공사에 최종 합격은 했지만 회사는 못 다닐 뻔했던 이야기

한국수자원공사가 집 앞에 있기도 했고, 단수가 됐을 때 물을 공급해 주어 좋은 기업으로 마음에 품고 있었다. 취업을 위해 가고 싶은 기업 3곳을 정하는데 그중 하나가 한국수자원공사였다. 고등학교 3학년 무더운 여름, 인턴 채용 공고를 발견했다. 생일이 지나고, 기본 조건을 갖춘 자에 한해 학력 무관으로 뽑는다는 글을 보고 바로 서류 준비를 했다. 부모님은 늘 본사와 지사에서 근무하는 건 느낌부터 다르다고 하시며 사람은 큰 그릇에 있으면 더 커지려 그 그릇을 늘리기 위해 행동한다고 하셨다. 마침 본사 근무라는 단어를 보고 '아, 미친 듯이 가고 싶다. 무조건 여기다. 나를 키울 기회니 잡아야 한다.'라며 완전히 확고한 마음이 들었다.

그렇게 서류 전형에 합격해 면접 통보를 받았다. 부모님도, 주변에서도 모두가 한마음 한뜻으로 꼭 붙길 바라던 곳이라 무거운 마음은 있었지만, 면접장의 분위기가 더 무거웠다. 합격 인원은 정해졌는데 면접 보러 온 사람이 너무 많았던 것이다. 그래도 포기하지 않고 끝까지 잘 마쳤다. 엄마는 내게 "여기 이번에 느낌 좋다. 당장 백화점에 옷 사러 가자."라고 하셨다. 너무 섣부른 거 아닐까 싶었지만 실은 나도 합격할 것만 같은 느낌이 들어 옷은 나중에 사자는 말을 하지 못했다.

그렇게 말로만 듣던 회사원 옷을 사러 가니 느낌이 이상했다. 블링블링하고 단정한 옷을 입고 일할 나의 모습이 상상되지 않아서…. 그렇게 2주가 흘러 합격 조회 버튼을 누르는데 뭔가 내용이 길었다. 처음 보는 길이여서 합격했다는 문구를 보지도 않고 합격임을 추측하게 됐다. 그 당시 난 19살이었다. 입사일에 다 같이 급여를 받기 위해 개인 인적 사항을 적어 제출했는데, 인사 담당 팀에서 갑자기 내 이름을 불렀다. "학교에서 전화가 왔는데 고등학생이라 교육부에 제출할 서류가 필요하다 요청하셨어요. 블라인드 학력 무관 채용이다 보니 아직 성인이 안 된 줄 모르고 채용해서…. 그 서류를 요구하면 입사가 어려울 것 같네요."라고 하서 학교와 상의 후 서류를 제출하지 않게 되었다. 이 일이 해결되고 내 사진이 가운데 박힌 사원증을 받고, 내 이름이 걸린 자리를 배정받고, 앞으로 할 일을 부여받았다. 처음 하는 일들은 신기했고, 새내기라 그런지 많은 도움을 주셔 인턴을 잘 마칠 수 있었다.

02

학교장 추천서는 서로를 힘들게 했다.

언젠가부터 하나의 기업에 여러 명이 지원하는 건 한계가 있다는 것을 알게 되었다. 그렇게 사이트를 여러 곳 찾게 되었고, 아침, 점심, 저녁, 시간 날 때마다 채용 공고를 확인했다. 그 과정에서 모 공기업의 채용 공고를 공채반 내에서 가장 먼저 알아낸 날이 있다. 보통 같은 학년 내에서 평판 높은 기업은 꼭 지원해야 하는 곳으로 소문이 자자하게 난다. 유명한 제품은 꼭 구매하고 싶은 마음이 들 듯, 나도 기대를 품고 모 공기업의 공고문을 읽었지만, 아니나 다를까 학교장 추천서를 받은 자만이 지원 가능한 조건으로 인해 다툼이 있었다.

보통 평판 높은 기업은 학교장 추천서를 받은 자만이 지원할 수 있는데, 조건은 졸업 예정자, 졸업자, 제시된 내신 성적 등이 있으며, 학교장 추천서는 보통 선생님을 통해 받게 되어 있다. 아무래도 학교는 성적 높은 아이들이 당연히 합격할 것이라는 생각을 해서 딱 전교 1~2등이 주로 추천서를 받는다. 또, 기업에서 기존 고객과 신규 고객 우선도를 따지면 당연히 기존 〉신규 순서이듯 재학생에게 혜택을 더 주고자 졸업생은 조금 밀리게 되는 게 현실이다. 어떻게 보면 졸업생도 받을 수 있는 혜택인데 취업 준비 기간이 길어질 때, 새로운 곳으로 이직을 원할 때 학교와의 인연이 끊겨 버리면 받을 수 없다는 점에서 공평한 제도라고 생각하지 않는다.

학교는 학생이 앞으로도 넓은 활동을 할 수 있도록 학생의 마음을 헤아려 줬으면 한다. 추천서라는 건 그 기업의 인재상과 상황에 따라 추천해서 다양한 학생들이 지원할 수 있도록 기회를 부여하는 제도 아닌가? 이미 지원할 사람이 확정되어 있는 마당에 다른 아이들에게 기대만 심어 주고 있는 듯하다. 인터넷에 학교장 추천서만 검색해도 "학교에서 추천서를 써 줄까요?", "추천 제도에서 밀리지 않을까 걱정이에요." 등 관련 내용이 많다. 평판 높은 기업의 채용 공고가 뜨면 취업 준비반 소속 친구들도 지원하고 싶은 마음은 마찬가지인데, 상황이 이미 확정으로 흘러가다 보니 지원하고 싶어도 누군가는 계속해서 양보하고, 지원하고 싶은 마음을 숨기게 되는 이 상황들이 아쉽다.

기업의 공고를 눈으로 확인하게 되면 이 기업에 지원서를 써 볼 가치가 있다고, 의미 있는 도전이라고 생각해 하루빨리 지원하고 싶은 마음이 생긴다. 그래서 난 모 기업에 너무 지원해 보고 싶은 마음에 선생님을 찾아가 추천서를 써 주셨으면 좋겠다고 말씀드렸다. 하지만, 선생님은 내게 "그들에게 먼저 물어보고 그들이 괜찮다 하면 써 줄게."라고 하셨다. 말 한마디가 상대의 기분을 좌우하는데, 나에게는 너무 충격적으로 들리면서 이때부터 취업 준비는 혼자 해야겠다고 다짐했다. 그 누구도 볼 수 없는 곳에서 지원할 곳을 찾아서 비밀 노트에 기록해 둔 다음 모두가 잠든 새벽 어두운 곳에서 조명 하나를 켜고 자소서를 작성하기도 하고, 저녁을 먹어야 하는 시간에 후다닥 자격증 시험만 보고 야자 시간을 맞춰 학교로 돌아오는 식으로 모든 것을 비밀스럽게 해 나갔다.

모든 기회는 왜 그 친구들에게 집중인 것인가. 계속해서 속상한 마음이 들었다. 이런 속상한 마음을 가진다고 바뀌는 것은 없더라. 차라리 내가 움직이는 게 더 빠르지. 왜 누구는 특정 기업에 계속해서 지원하고 누구는 지원하지 못하는 그런 불공평한 상황에 놓여 있어야 하는가? 학교에 다닐 때는 전교 몇 등인지, 내신은 몇 등급인지 성적을 따지지만 졸업하고 나서는 더 이상 학교에 다니지 않기 때문에 본인의 능력이 우선이다. 때문에 학교는 성적만 볼 게 아니라 아이의 미래를 위해 능력을 우선시했으면 한다. 부모님과 난 이 일을 겪은 이후로 앞으로의 미래를 내다보자며 성적은 지금과 같이 상위권을 유지하되, 주말에 외부 활동을 다니며 많은 경험을 하기 시작했고 사회에 나가 나에게 꼭 필요하게 될 자격증을 취득하려 많은 노력을 기울였다.

취업에 성공한 후 선생님들은 이때의 일이 미안하셨는지 식사 자리에서 부모님과 내게 사과를 하셨다. 그간 지도도 열심히 해 주셨고, 좋은 일도 생겼으니 좋게 마무리를 지었다. 다만, 아직 내 속에 그날의 상처가 남아 있다. 졸업을 해서도 안정적인 직장을 갖고 있는 지금도 한 번씩 그 상황이 꿈에 나타나 식은땀까지 흘리며 잠에서 깨어난다. 아직도 그 친구들에게 "너희 이번 추천서는 어떻게 할 거야?"라고 물어봤을 때 돌아온 대답과 그 당시 상황이 하나부터 열까지 생생히 그려져 내가 그걸 잊지 못하고 의식하나 보다.

이렇게 알게 모르게 공중파 드라마에서 나오는 입시 전쟁 같은 상황이 자주 벌어지고 있는데, 애당초 블라인드 채용 목적이 공정 아닌가? 기업만 공정 채용을 하려 준수할 게 아니라 학교도 채용 과정에 있어 공정히 해 줬으면 한다. 선발 방식에 정확한 기준이 없이 전교 1~2등에게 집중식 교육을 한다면 나머지 학생들은 이에 차별을 받는다고 생각할 것이다. 학교별 정원 제한 규정을 없애거나, 별도의 추천 제도를 상세히 마련해 안내하거나, 앞으로를 위해 없어져야 할 제도라고 본다.

03

기숙사를 사용하려면 알아 둬야 할 것이 있다.

학교는 집과 가까웠지만 저녁 9시 야간 자율 학습이 끝나고 다음 날 아침 영어 단어 시험을 치르기 위해 7시 30분까지 통학하기엔 무리였다. 그렇게 설레는 마음을 가지고 기숙사에 들어갔지만, 생각보다 통금, 단체 생활을 위한 마음의 준비, 한정적인 자원으로 배려와 양보 같은 것이 필요했다. 그렇게 1년이 흘러 2학년이 되었고, 동시에 저자는 학급 반장을 맡았다.

리더가 조금 힘들기도 했지만 여러 선생님께서 "너희 반이 가장 깔끔하다. 종례를 수월히 할 수 있어 좋다. 단합이 맞아 신기하다."라는 말씀을 주셨는데 이 과정에서 기숙사 사감 선생님이 이 이야기를 들으셨다고 했다. 학교에서 학생회가 있다면, 기숙사는 사생회가 있는데, 고등학교 3학년이 되던 해 기숙사생 60여 명을 관리하는 사생장 제의를 받아 임명되었다.

기숙사 생활 학생, 사생회(사생장, 부사생장), 기숙사 사감 선생님 모두가 만족하는 기숙사 생활을 만들기 위해 노력했지만, 단체 생활은 인원이 많다 보니 각자 요구하는 바가 달라 모두의 건의 사항을 맞춰 줄 수는 없었다. 의견을 하나로 좁히기 위해 최선의 방법으로 설문 조사지를 만들어 보았다. 바라는 점은 무엇인지, 어떤 제품을 바꾸거나 채워 줬으면 좋겠는지, 기숙사 생활을 하며 다툼은 없는지, 청소 구역은 어떻게 지정해 줬으면 하는지를 기숙사생들이 꼼꼼히 적어 준 덕에 미처 생각하지 못한 부분도 파악할 수 있는 시간이었다.

불편 사항에서 가장 많이 언급된 3가지를 말하려 한다. 사생장으로서 느낀 것이니 기숙사를 고려한다면 부모님에게, 본인에게 이건 꼭 필요한 정보 아닐까 싶다. 1위는 통금 시간, 2위는 청소, 3위는 생활 방식이 다르기에 느껴지는 불편함이다. 1위부터 분석을 하려 한다. 처음에는 규칙대로 일어나는 게 힘들었는데, 일찍 일어나 준비를 하기 위해서는 기상 시간을 정하는 것이 맞다고 본다. 어쩌면 통금과 기상은 사회에 나가기 전 일찍 준비하는 예행연습이라고 생각한다. 교통 시간을 고려해 보통의 직장인은 6시 30분~7시에 일어나 준비를 하고, 정해진 출근 시간까지 사무실에 가야 한다. 이러한 점은 학교도 마찬가지이다. 우리는 이렇게 기숙사 생활을 하며 시간의 중요성과 혼자서도 일어나 준비하는 법을 하나 배우는 것이라 생각한다.

2위는 청소다. 본인이 자주 지내는, 자주 사용하는 공간이 청결하면 기분이 좋을 것이다. 문제는 여럿이 사용하는 생활공간인 화장실, 샤워실, 복도는 하루에도 몇 번 수없이 왔다 갔다 접근이 많은 공간이다 보니 머리카락과 먼지가 자주 쌓인다. 때문에 위생상의 문제가 눈에 많이 띌 것이다. 한 공간을 계속해서 청소하다 보면 계속되는 반복 작업이라고 느껴져 소홀하게 할 수 있는데, 한 달에 한 번 정도는 조를 바꾸어 청소 공간을 바꿔 가는 것도 좋은 방법이라 생각해 청소 구역을 바꿔 보았더니 "우리 방은 다음 청소 구역 어디야?" 이렇게 먼저 질문도 해 주면서 이 구역 청소왕이라며 스스로 이뤄 낸 걸 뿌듯하게 여기는 모습이 보기 좋았다.

난 취업 후 자취를 하는 중인데 기숙사에서 다양한 청소를 하고, 공간마다 청소하는 법도 알려 주면서 자연스레 생활하는 법을 터득하게 되었다. 그래서인지 살아가는 데 큰 문제가 없어 좋다. 자취는 모든 것이 처음이다 보니 어렵고 서툴게 느껴질 것이다. 이렇게 미리 공동체 생활을 한다면 배려심도 키우게 된다. 성인이 되면 때에 맞춰, 부모님의 품에서 벗어나 독립을 하게 되는데 혼자서도 생활공간을 깨끗하게 하는 법을 미리 배우게 되면서 독립심을 키울 수 있게 되었다.

3위는 생활 방식이 다르기에 느껴지는 불편함이다. 보통 한 방에 6명, 4명 이렇게 생활한다. 집에서는 본인만의 방이 있어 혼자서 넓고 편하게 살아왔을 것이다. 그러다 갑자기 내 방만 한 사이즈에 6명, 4명이 같이 산다면 엄청 불편할 것이다. 누군가는 일찍 일어나 준비를 하고, 서로 온도가 안 맞아 냉난방기로 불편을 겪고, 하나의 건조대에 세탁물을 나눠 널어야 한다. 1인실이면 좋겠지만, 처음엔 이러한 점들이 불편했다. 근데 인간은 적응의 동물이라는 게 신기하다. 그렇게 1~2주를 살다 보니, 불편하다고만 할 게 아니라 개선해 나가야겠다 생각했다. 내가 좀 더 부지런히 행동하거나, 새로운 아이템을 구매해 불편을 줄였고, 이렇게 해서도 해결이 되지 않는 부분은 함께 생활하는 방 친구들과 모여 규칙을 정한 적도 있다.

이런 게 공동체 생활 아닐까? 맞지 않는 부분은 맞춰 나가는 것. 사회생활도 이와 마찬가지다. 모든 것에 장단점이 있지만 공동체 생활을 미리 해 본 자는 노하우를 터득해 나중에 사회에 나갔을 때 눈치껏 행동하기도 하고, 보다 더 수월히 살아갈 수 있어 추천하고 싶다.

PART 5

목표 수립 및 준비

01

목표는 SMART 기법으로 가져야 한다.

목표 없는 삶을 비유하자면 단무지 없이 짜장면만 먹는 것과 같다. 목표가 없다면 삶의 방향성을 잃어버린다는 말이다. 새해 첫날이 되면 메모장에 '20○○년 목표'라고 해서 올해 꼭 이루고 싶은 것을 정한다. 여러분이 생각했을 땐 새해 첫날 적은 목표가 다 이뤄졌는가? 이 말을 곰곰이 생각해 봐라. 인생에서 최종이라는 말은 없듯 완벽한 목표란 없으니 우리는 목표를 정해 더 나은 오늘을 살고, 더 나은 미래를 위해 준비해야 한다.

우리가 목표를 정해야 하는 이유, 목표 있는 삶을 살아가야 하는 이유는 목표 달성을 위해 아주 구체적인 계획까지 정해지고, 달성하려는 의지와 욕구가 생겨난다. 우리가 지금 당장 사고 싶은 게임기, 가방, 핸드폰이 있다고 정하면 인터넷에 접속해 그 제품의 정보, 가격 비교를 할 것이고, 그럼 한 달에 얼마만큼의 금액을 저축할지 대략 정해진다. 그럼 꼬박꼬박 저축한 돈으로 원하는 것을 우리의 손에 넣을 수 있다. 이렇게 우리는 물건 하나를 손에 넣고 목표 달성의 기쁨을 누렸다. 청년 농부에게 귀농을 택했을 때 좋았던 점이 뭔지 질문을 했는데 정성 들여 키운 농작물이 수확할 때 되니 각자 색이 다르고, 엄청 많이 거둬들여 이때 수확의 기쁨을 느꼈다고 한 게 기억난다.

단 하루, 작심삼일이라도 좋으니 여러분이 인생을 살아가는 데 도움이 될 만한 목표 하나를 세웠으면 좋겠다. 기간은 적지만 우리는 이 3일이라는 기간 동안 그간 표출하지 못했던 의지와 욕구 열정이 나타나 본인 스스로 놀라게 될 것이다. 이것만으로도 본인이 막 대견스럽지 않은가? 누누이 강조하는 틀에 박힌 생각을 하지 말라는 것을 이번에 또 강조하려 한다. 목표는 꼭 거창하고 크게 잡아야 한다고 생각하던데 그럴 필요는 전혀 없다. 본인이 목표 달성치를 높게 잡아 버리면 그 달성하는 과정에서 지치는 순간이 와서 쉽게 포기해 버린다. 본인이 이번에 정한 목표는 고정된 것이 아니라, 때에 따라 수정 가능하다는 사실을 기억하자. 사람들은 주로 소원을 빌고, 목표를 정하라 하면 "돈 많이 벌게 해 주세요. 건강하게 해 주세요." 이렇게 간단히 말한다. 본인이 현재 놓인 상황에서 너무 부담스럽지 않은 매일매일 습관적으로 행동 가능한 사소한 목표를 정해야 다가가기 쉽다.

건강해지기 위해서는 본인의 노력도 필요한데, 그 구체적이면서 실현 가능한 방향으로 말을 해 보라는 말이다. 예를 들어 내일부터 "하루 한 끼는 건강한 음식을 먹고, 1시간 동안 근력 운동을 할 테니 이 노력에 따른 결과물은 바디프로필로 증명해 보이겠다." 이렇게 현실적으로 본인이 할 수 있는 만큼의 시간과 내용을 구체적으로 정해 목표 달성치를 눈으로 몇 번 확인하고 결과물을 증명해 보여야 한다. 시간, 날짜에 제한을 두라고 하는 이유는 시간은 우리에게 긴박감을 가져다주고, 우리는 이때 정해진 시간까지 더 잘해 보려 애를 쓴다. 만약, 기한을 두지 않는다면 목표를 미룬다거나 본인이 만족할 만한 결과물이 나오지 않아 허무하다. 목표 달성법도 중간중간 바꾸는 것도 하나의 방법이다.

어느덧 2023년이 얼추 끝나 가고 있다. 2030년으로 바뀌는 날도 멀지 않다. 이 페이지를 읽고 12월까지 이룰 목표 하나가 떠올랐는가? 이 목표 하나를 정했을 때 당장 행동으로 이끌어 내지 못한다면 현실적이지 않고 본인의 생각으로만 번지르르한 목표일 뿐이다. 무방비 상태로 갑자기 허무해지는 것보다 지금이라도 늦지 않음을 인지하고 아래 기법을 꼭 시도해 대비하자.

SMART 기법

Specific – 목표는 구체적이어야 한다.

Measurable – 목표는 측정 가능해야 한다.

Achievable – 목표는 달성 가능해야 한다.

Realistic – 목표는 현실적이어야 한다.

Timely – 목표는 시간과 자원의 제약이 있다.

저자의 최근 목표: 매일 한강공원 1시간 뛰기 성장 단계

1단계　목표를 정했으니 시작해볼까?

2단계　오늘 너무 힘들고 지치네...
시간을 줄여볼까?

3단계　적어도 일주일은 해보고 줄여보자.
장소도 바꾸고 노래 들으며 뛰어야겠다.

4단계　변화를 주니 계속해서 하게 되네.
그동안 내가 하기 싫은 게 아니라,
하지 않으려 온갖 핑계를 스스로 만들었구나.

5단계　매일 아침 공기도 다르고,
뛸 때마다 눈 앞에 나타나는 나비와 새는 다르네.
꾸준히 하지 않았다면 이 상쾌함, 이 풍경을 보지 못했을 거야.

Q) 본인의 목표 및 입사하고 싶은 기업을 3곳 적어보세요.

목표	입사하고 싶은 기업
	1)
	2)
	3)

02

공기업 취업을 선택했다면 준비해야 할 것

1. 입사하고 싶은 공기업 선정(3곳 정도)

공고가 떴다고 무작정 지원할 수 없는 게, 이끌리지 않는 곳이 있다. 아무리 쓰고 싶어도 써지지 않아 포기한 기업이 몇 군데 있는데, 정말 입사하고 싶은 기업 3곳 정도는 선정해 두는 것을 추천한다. 이 기업에 꼭 입사할 것이라는 그 욕구 때문에 더욱 열정적으로 서류와 면접을 집중해서 준비할 수 있다.

2. 다양한 경험 준비 및 기록

채용 시장이 다양한 분야의 경험과 경력을 중요시하는 것으로 바뀌었다. 그 경험에서 본인은 어떠한 역할을 맡았는지, 갈등이 생겼을 때 어떻게 대처했는지, 경험을 통해 얻은 교훈이 무엇인지를 표현해야 한다. 막상 지원하려 하면 당시 무엇을 했는지 기억이 나질 않아 표현해 낼 수 없다. 경험했다면 꼭 기록해 두자.

3. 가산점을 받는 자격증 취득

기업별로 가산점을 주는 자격증도 다르고, 등급에 따라 가산점도 나뉜다. 필수 자격증 정도는 꼭 취득해서 가산점을 받아 보자. 0.5~1점 차로 떨어지기도 한다.

4. NCS 필기 및 인적성 검사 스킬 쌓기

취준생이 가장 어려워하는 단계이다. 기본서와 기출문제를 정독하고 오답 풀이도 꼭 해 보자. 필기시험은 반복해서 본인만의 풀이법을 터득하는 수밖에 없다.

5. 면접 예상 질문 찾기

제출한 자소서를 바탕으로, 예상 질문들을 찾아 답해 보는 시간이 필요하다.

03

고졸 취업을 선택했다면 준비해야 할 것

1. 내신 성적
→ 학교장 추천에 영향을 준다.

2. 지원하고자 하는 분야의 자격증 취득
→ 서류 전형, 최종 선발에서 가산점 0.5점과 1점으로 나누어 차별을 한다.

3. 각 회사 필기시험
→ 삼성화재의 경우 GSAT
→ 공기업의 경우 NCS(모듈형): 이론 기반, 보통의 상식 수준
→ 공기업의 경우 NCS(PSAT): 암기형 문제 제외, 분석 능력 측정 수준
→ 공기업의 경우 NCS(피듈형): 모듈형+PSAT 혼합
→ 대기업의 경우 인적성 검사

4. 교내, 교외 활동
→ 교내: 동아리, 학교 임원, 스포츠, 글로벌 영어 수업반 등
→ 교외: 자체적으로 한 봉사 활동, 공모전, 상업경진대회 등

5. 입사하고 싶은 회사 3곳 정하기
→ 내가 그 회사에 입사하고 싶은 이유 알기
→ 끊임없이 나에 대해 파고들기(성격, 관심사, 위기 대처법 등)

04

자격증은 미리 준비해 두자.

막상 3학년이 되어 온라인 입사 지원 시스템에 입력할 수 있는 자격증 개수는 제한되어 있더라. 어차피 내가 가진 자격증을 다 입력하지는 못한다. 또, 직무와 관련이 없는 것은 "그 자격증을 이용해 어디에 활용할 것인데?" 이런 식으로 심사위원에게 궁금증을 갖게 한다. 그래서 난 서류 전형에서 가산점을 많이 쳐 주는 자격증을 좀 더 취득했다. 시대는 빠르게 변화하고 있는데, 이 시대를 빠르게 따라가는 걸 넘어 앞서가는 것도 우리에게는 하나의 숙제이다.

난 무언가를 추진하려 할 때 가치 있는 일인지 알아가는 시간을 가진다. 보통 통계 자료를 통해 흐름을 파악하는데, SGIS plus(통계지리정보서비스) 사이트에 접속해 전년도 통계와 비교하여 증감 추세를 본 후 추진한다. 마찬가지로 자격증 취득도 통계 자료를 분석해 준비했다. 현재 취준생에게 관심이 급증한 자격증, 앞으로의 유망 분야 등을 통계 자료를 통해 살펴었으며 덕분에 어떤 자격증을 취득할지 미리 앞서 나갈 수 있었다.

해가 바뀔수록 채용 인원과 방식이 달라지면서 재학생과 졸업생은 늘어나기에 기회가 좋을 때를 노려야 한다. 대게 자격증 가산점은 0.5~1점 차로 최종에서 좌지우지되는데, 미리미리 대비해서 나쁠 건 없다. 플러스알파로 기사 자격증을 취득하면 좋지만, 시간이 없는 자는 여러 기업에서 공통적으로 제시하는 자격증은 필수로 취득해 놓자. 필수 자격증은 아래 정도로만 취득하면 충분하다고 보니, 나머지 시간은 문턱이 높은 NCS 필기시험에 시간을 더 쏟아 보자.

필수 자격증 추천

- 컴퓨터활용능력 1급(시간이 부족하다면 2급으로도 문제없다.)
- 한국사능력검정시험 1급
- 전산회계 1급
- 전공과 관련된 기사 자격증

가산점은 이렇게 받을 수 있다.

노력으로 얻을 수 있는 가산점	정부 정책으로 얻을 수 있는 가산점
자격증 취득, 토익 점수	본인, 가족 중 사회 형평자가 있는지 확인 필수

Q) 필수 취득 리스트를 적어보세요.

필수 취득	추후 취득

*(원서 접수일, 합격 발표일도 미리 메모해 둔다면 더욱 좋다.)

사회 형평 인재

우대 대상	상세	가점
국가유공자 (보훈)	〈국가유공자 예우에 관한 법률〉에 따른 취업 지원 대상자 (증빙) 취업 지원 대상자 증명서	5% 10%
장애인	〈장애인고용촉진 및 직업재활법〉에 따른 장애인 (증빙) 장애인 증명서	10%
저소득층	〈국민기초생활 보장법〉에 따른 기초 생활 수급자 (증빙) 수급자 증명서	5%
한 부모 가정	〈한부모가족지원법〉에 따른 보호 대상자 해당 기간이 계속하여 2년 이상인 자 (증빙) 한 부모 가족 증명서 및 사회보장 급여 결정 통지서	5%
북한 이탈 주민	〈북한이탈주민의 보호 및 정착지원에 관한 법률〉에 따른 북한 이탈 주민 등록자 (증빙) 북한 이탈 주민 등록 확인서	5%
다문화 가정	〈다문화가족지원법〉에 따른 다문화 가족 (증빙) 가족 관계 증명서, 혼인 관계 증명서 외 국적 확인 서류	5%
의사자 (유족)	〈의사상자 등 예우 및 지원에 관한 법률〉 제2조 제2호에 따른 의사자의 배우자 및 자녀 (증빙) 의사상자 증명서	3% 2%

자격증별 가산점 차이

1등급(5점)	2등급(3점)	3등급(2점)
정보처리기사	정보처리산업기사	정보처리기능사
컴퓨터활용능력 1급	컴퓨터활용능력 2급	컴퓨터활용능력 3급
재경관리사	회계관리 1급	회계관리 2급

개편된 한국사능력검정시험

시험 종류	심화(80분)	기본(70분)
인증 등급	1급(80점 이상)	4급(80점 이상)
	2급(70~79점)	5급(70~79점 이상)
	3급(60~69점)	6급(60~69점)
문항 수	50문항(5지선다 택 1)	50문항(4지선다 택 1)
응시 수수료	22,000원	18,000원

* 기존에는 초급, 중급, 고급으로 분류. 2020년 6월 47회 차 시험부터 개편.

대표적으로 한국사능력검정시험을 인정하는 기관을 살펴야 한다.

국민건강보험공단: 3급 이상 인정

한국토지주택공사: 2급 이상을 취득한 자에게 서류 전형의 3% 가점 부여

인천국제공항공사: 2급 이상 취득한 자에게 3% 가점 부여

한국전력공사: 3급 이상이면 +5점 부여

05

**고등학교 2학년 겨울 방학 때부터
이것을 시작해야 한다.**

1. 취업 사진 찍을 사진관 찾기

2. 지원처 노트 만들기

3. 외적으로 깔끔한 이미지 만들기

4. 나만의 취업 폴더 만들어 두기

5. 기본 자기소개서와 이력서 작성하기

1. 취업 사진 찍을 사진관 찾기

취업 사진은 이력서 첫 페이지 가장 눈에 띄는 곳에 부착된다. 흔히 보이는 파란색 배경보다는 약간의 어둡고 진중한 느낌이 드는 무채색 계열의 배경도 좋다. 인스타그램에 '#취업 사진'을 검색해서 여러 사람의 사진을 살펴보고, 자신과 분위기가 맞는 사진관을 찾아 예약한다면 실패 확률은 줄어든다. 한 가지 꿀팁을 주자면 기본적으로 3~5월 사이에 많이 몰리므로 예약이 어려울 수 있으니 12~1월에 미리 찍어 두자.

BEST 컬러 추천

간혹 핑크, 노란색으로 하는 경우도 보인다. 취업이라는 것은 내가 회사에 입사해야 한다는 간절함이 느껴져야 한다. 과거엔 진한 파란색의 취업 사진을 찍는 추세였지만, 굳이 파란색 계열로 찍지 않아도 괜찮다. 진중하고 묵직한 느낌을 주는 컬러를 선택하는 것이 중요하다. 완전히 똑같을 필요는 없으며 비슷한 색상이면 충분하다. 지은이는 참고로 아래 표에서 첫 번째 PANTONE 16-3917 그레이 컬러로 배경을 택했으니 참고해 주길.

PANTONE®
16-3917 TCX
Chiseled Stone

PANTONE®
18-1108 TCX
Fallen Rock

PANTONE®
19-3832 TCX
Navy Blue

2. 지원처 노트 만들기

지원한 곳의 추후 일정을 놓치지 않으려면 꼭 노트 한 권을 필수로 준비해야 한다. 서류 접수를 하고 우리가 빠르게 해야 하는 것이 있다. 어디에, 몇 시에, 무슨 전형으로 지원했는지를 적으며, 추가적으로 필기 전형일, 면접 전형일까지 적어 둔다면 급할 때 인터넷을 접속해서 조회하지 않아도 곧바로 노트를 펴서 확인할 수 있으니 유용하다. 또, 서류 합격 후 다음 준비는 언제부터 시작하면 되는지 계획이 세워지니 편리하다.

3. 외적으로 깔끔한 이미지 만들기

사회에 나가면 새로운 사람을 자주 만나기 때문에 깔끔한 인상이 신뢰로 연결될 때가 상당히 많다. 스스로에게 관심이 많은 자는 본인을 가꾸면서 겉모습이 차차 깔끔하게 바뀌어 가는 것을 보며 자신감이 생기고, 밖에 나갔을 때 당당한 자세가 나온다. 이때 상대방은 나에게 호감을 갖게 되어 있다. 적어도 취업을 앞둔 자라면 고등학교 2학년 겨울 방학 때부터 본인 스스로를 가꾸어 깔끔한 이미지를 만들었으면 한다.

외적으로 깔끔한 이미지 만들기 필수 요소
- 수많은 면접관이 앞에 있다고 가정하고 눈웃음을 지으며 인사하는 연습
- 팔자걸음으로 걷는다면 바꿀 것! 차분히 걸어보는 연습
- 스킨으로 피부 결 정돈, 피부에 수분 채우기, 일주일에 한 번 각질 팩하기
- 손톱은 적당한 길이로 자르기, 눈썹 라인 정리하기, 머릿결 관리하기 등

4. 나만의 취업 폴더 만들어 두기

매번 지원서를 작성할 때마다 기본적인 인적 사항을 찾는 데 시간을 낭비하지 말고, 한글 파일에 아래 표를 기준으로 입력하고 프린트해서 나만의 취업 폴더에 꽂아 놓는 것을 추천한다. 기관마다 지원서 양식이 다른데 언제 어느 때 활용될지 모르기 때문에 이럴 때마다 한글 파일을 업데이트해서 기록해 두길 바란다.

나만의 취업 폴더 작성 항목

이름(한글, 한자, 여권상 영어)	학력(학교명, 입학일, 졸업일)
자격증(종류, 합격일, 발행 기관)	취미
수상(연월일, 수상명, 간단 내용)	봉사 활동(기간, 내용)

5. 기본 자기소개서와 이력서 작성하기

고등학교 3학년 1학기 중간고사를 치르고 나면 채용 공고가 쏟아지기 시작한다. '채용 공고가 보이면 그때 맞춰서 쓰지, 뭐~' 이 생각은 버려라. 처음 보는 질문은 왜 이렇게 많은 건지 또 글자 수 제한은 왜 정해 놓았는지 도통 이해가 가질 않는다. 아직 입사하지도 않았는데 상사가 부당한 지시를 했을 때 본인이라면 어떻게 할 것인지 당황스러운 질문도 보인다. 자소서도 쓰면 쓸수록 실력이 늘어나는 게 눈에 보일 때가 있다. 공기업은 근래 NCS 기반으로 상황형 질문을 던지며 이에 대해 작성하라는 것이 눈에 띈다. 예외가 있지만 대기업, 중소기업의 경우 하나의 완벽한 자소서를 써두면 지원할 때마다 그 회사에 맞게 약간의 수정 과정을 거치면 되어 편리하다는 말을 해 주고 싶다. 실제로 해 본 결과 쓰면 쓸수록 실력이 느는 게 눈에 보이므로 새하얀 한글 파일에 내용을 썼다 지웠다하는 반복을 무수히 많이 해야 한다.

PART 6

서류 전형 준비 전략

01

공공기관은 메일이 아닌 온라인 입사 지원 시스템으로 접수한다.

보통의 공공기관은 입사 지원 서류를 이메일로 제출하지 않고 자체적으로 채용 홈페이지가 만들어져 있다. 간혹, 크롬 또는 익스플로러 등 특정 브라우저로 접속해야만 입력이 가능한 곳이 있다. 이를 방지하기 위해 채용 공고가 뜨면 바로 공고문을 출력해서 입사 지원 접수처 URL 등 중요한 부분은 표시해 두었으면 한다.

회사에 지원할 때 임시 저장을 습관화해야 한다. 로그인 후 일정 시간 동안 입력이나 활동이 없으면 이를 감지하여 자동 로그아웃이 된다. 그렇게 되면 항목마다 입력해 둔 내용이 전체 삭제되는데 얼마나 당황스러운지 모른다. 채용 홈페이지 맨 밑으로 스크롤을 내리면 임시 저장 버튼이 있는데 수시로 눌러 내용을 꼭 저장해 놓아야 한다. 회사에서도 마찬가지다. 작성 중인 파일을 수시로 저장할 것.

우리가 임시 저장을 습관화해야 하는 두 번째 이유가 있다. 보통의 지원서 제출 마감 시간은 오후 6시인데 면접이라도 가 보자는 마음과 취업이라는 간절함 때문에 마감 시간이 임박해질 때 우리는 완벽주의자가 된다. 자소서를 조금만 더 수정하면 완벽해진다는 마음이 계속해서 생기는데 이는 본능이라 어쩔 수 없는 것 같다. 지웠다 추가했다 과정을 여러 번 거치지만 안타깝게도 지원자가 마감 시간에 대거 몰린다. 그렇게 되면 서버가 다운되거나 에러 페이지가 떠서 접수조차 못 하고 허무하게 끝나, 다시 복구된다 한들 급한 마음에 빈 항목으로 제출할 가능성도 있다. 이건 우리 사정이지 냉정히 말하자면 회사 입장에서는 지원자 귀책 사유에 해당된다. 형평성 문제이기에 이건 어쩔 수 없는 현실이다.

대부분이 맞춤법, 띄어쓰기에서 인상을 찌푸린다. 문서를 다루는 사무 직종에 지원한다면 더 주의 깊게 살펴보고, 맞춤법 검사와 띄어쓰기 사이트를 활용해 언어 교정을 해서, 완벽한 자소서를 내자. 최종 제출을 하고 나면 그간의 긴장이 다 풀려 모니터 앞에서 멍을 때린 기억도 난다. 무조건 나 자신에게 수고했다고 칭찬도 해 주고, 기지개를 켜며 뭉친 몸도 풀어 주자. 나를 아껴 주는 행동도 중요하니까.

취뽀의 비결은 그냥 무조건 많이 지원하는 것이다.

최근 들어 취업 성공이라는 말을 취뽀(=취업 뽀개기)라고 하더라. 진짜로 취업을 뽀개고 싶다면 서류를 많이 작성해 보고, 필기시험을 보며 그 시험장의 분위기도 파악해야 하고, 다양한 유형의 면접을 보며 경험을 쌓아놔야 한다. 사실 취업이라는 게 기업마다 요구하는 서류도 다르고, 면접 분위기, 커트라인 등 격차가 너무 심하다. 어떠한 상황이 찾아오든 그 기업의 요구 사항을 다 맞출 수 있을 정도의 능력을 갖춰야 한다. 그러기 위해서는 한 군데에 집중해서 지원할지, 여러 곳에 지원해야 할지 고민할 시간에 서류도 많이 지원해 보고, 면접 통보를 받으면 거리를 따지지 말고 다녀왔으면 좋겠다. 그 기업을 다닐지 말지는, 채용 전형을 모두 통과하고 최종 합격을 통보받은 후에 결정지어도 늦지 않다고 본다. 그러니 우선 이끌리는 기업에 지원부터 해 보아라.

02
정규직을 고집하지 않아도 다양한 길이 있다.

공기업 정규직 코스를 고집하다 무척이나 높은 경쟁률, 한정적인 인원의 추천서 제도 등으로 한계를 느껴 좌절하거나 포기한다. 그러나 너무 정규직만을 고집하지 않았으면 한다. 채용 유형에 체험형, 채용형 인턴과 무기 계약직 등이 있기 때문이다. 인턴 기간이 끝나면 영영 끝난다는 착각을 하는 데 업무적 역량을 키우면서 성실성, 본인이 해 온 업무가 좋은 성과를 발휘한다면 고용 기간 종료 후 다시 지원할 때 경력기술서를 보기 때문에 정식적인 채용 절차를 거쳐 합격할 확률이 높다.

아니면 인턴 혜택으로 서류, 필기 전형 면제를 받거나 가산점을 받아 조금이라도 경쟁률을 낮추는 방법도 있다. 인턴으로 근무하며 감사하게도 자기 계발 시간도 별도로 부여해 주셔서 업무가 바쁘지 않은 날 오후 5~6시까지 인턴 전원 다 같이 모여 자격증이나 NCS 필기시험을 공부하기도 해서 의미 있다고 생각했다. 너무 정규직만 고집하지 말고 정 도전하다 힘들면 인턴 제도를 활용해 일도 배우고 회사 내 사람들과 친해지면서 퇴근 후 취업 준비를 틈틈이 한다든지 조금이라도 쉬운 길을 걸으며 준비를 했으면 한다.

정규직	대표적
비정규직	
무기계약직	비추천 (임금 및 복지 수준이 낮아 승진에 어려움 있음)
청년인턴(체험형)	추천 (인턴을 하며 다양한 경험을 쌓지 못한다면 재취업 준비 시 직무경험 활용이 어려워져 불리할 수 있음)
청년인턴(채용형)	

*인턴 지원 시 추후 정규직 전환 조건 또는 정규직 지원 전형 혜택 꼼꼼히 파악하기
*정규직 지원 전형 혜택 유형: 서류 전형 면제, 청년인턴 수료자 우대, 가점 적용 기준 등

03

자소서는 소설책처럼 여유 부리며 읽는 게 아니다.

　자소서는 우리가 면접에 가서도 질문에 답변을 할 수 있는 내용으로 써야 한다. 요즘 서류 전형은 적격/부적격을 따져 평가 짓는다. 이 방법의 장점은 정해진 기준 내 성실히 기재하면 다음 전형에 도전할 수 있는 기회를 주지만 그럼에도 불구하고 부적격을 받는 사람이 의외로 많다. 그렇다면 자소서가 처음인 우리는 어떻게 써야 단번에 합격할 수 있을까?

　심사위원은 하루에 수백, 수천 장의 서류를 본다. 한 명씩 비교해 가며 평가하는 것은 불가능하다는 소리이다. 인사 담당자를 대상으로 설문 조사를 했는데 소요 시간은 이력서 기준 6.3분, 자소서 기준 6.7분이 평균적으로 소요된다고 밝혔다. 우리가 몇 날 며칠을 꼬박 새워 쓴 서류를 보는 데 20분이 채 걸리지 않는다는 게 현실이다. 본인의 일을 하다 서류를 평가하러 시간을 내는 거다 보니 온종일 보고 있기엔 지루하다. 또, 너무 많은 서류를 평가하다 보니 읽는 법도 터득하셨을 것이다. 나 같으면 한 줄 한 줄 읽지 못해 위에서 아래 대각선 방향으로 읽다가 눈에 띄는 단어가 있으면 그때부터 본격적으로 읽기 시작할 것 같다.

　유튜브 섬네일을 보면 말을 하다 만다거나, 시각적으로 홀릴 만한 사진이 올려져 있다. 자극적일수록 조회 수가 높아 채널 창작자들이 섬네일에 목숨을 거는 것 같다. 우리도 이처럼 "어? 이거 내용 재밌네. 더 읽어볼까?"

싶을 만한 강한 내용을 어느 한 구간에 넣어야 한다. 많은 인원을 심사해야 하다 보니, 우리가 서류 마감일 전까지 노력을 기울이며 완성한 자소서를 심사위원은 소설책 읽듯 여유를 부리면서 읽지 못하기 때문이다.

지은이는 고작 한 문장 적는 데도 어려웠다. 취업 준비반 선생님께 도움을 청해 자소서 샘플을 몇 개 받았는데, 흐름과 내용이 대부분 비슷하게 느껴졌다. 보통 본인이 느끼면 상대도 느끼게 되어 있는데 심사위원도 비슷하다고 느껴 그냥 패스할 것만 같았다. 여러 방법을 시도하면서 끝까지 읽게 되는 작성법 노하우 3가지를 터득했는데 알려 주려 한다.

1. 본인이 쓴 자소서를 출력해 칠판, 창문 정중앙에 붙여라.

혼자 자소서를 준비할 때 많이 사용했던 방법이다. 자소서를 다 쓰고 출력해서 여백이 많은 학교 칠판, 창문을 찾아 종이를 정중앙에 붙여라. 그럼 딱 눈에 띄는 구간이 본인에게도 보이는데, 이 위치가 심사위원의 호기심을 자극할 만한 위치라고 보면 된다. 멈칫할 구간에 굵직한 키워드 하나를 넣어라. 따옴표 아니면 「 」이 기호를 삽입해도 좋다. 책을 쓸 때 중간에 시각화된 자료 하나쯤은 넣어야 사람들이 집중해서 읽는다는 말이 맞지만, 자소서는 그림, 사진을 넣을 수 없으니 기호를 사용해 돋보이도록 하는 것이다. 이제 심사위원의 호기심을 자극해 그 상황이 머릿속에서 상상되도록 할 일만 남았다.

2. 글자 수에 의식하지 말아라.

　대부분의 자소서 작성법, 시작, 흐름이 비슷하다. 지은이는 창의적인 사고를 추구하는 편이라 모든 것에 정답은 없다고 본다. 형식에 자유를 갖고 준비하는 편이지만, 그렇다 해서 기본적인 것을 안 지킨다는 말은 아니다. 보통 500자 내외로 작성하라고 제시하는데 짧고 굵게 300자를 쓴 글과 했던 말 반복에 흐름이 이어지지 않는 500자 꽉 채운 글이 있다면 당연히 짧고 굵게 쓴 글에 점수를 더 줄 것이다. 완성된 글이 제시된 숫자보다 50자 이내로 적다면 적절한 표현을 섞어 내용을 조금씩 늘려 가 보자. 이 적절한 표현이라는 것은 본인의 철학, 좌우명, 널리 쓰이고 있는 사자성어나 속담을 중간에 넣어 글의 전체적인 흐름과 어우러지게 해 보라는 것이다.

3. 끊어 읽기 편한 구조로 만들어라.

　책 한 권 안에는 몇백 장, 몇만 글자로 이뤄져 있다. 그렇다 보니 한 장을 읽었을 때 문단 나눔이 안 되어 있고 빈 공간 없이 한 블록으로만 이뤄져 있다면 다음 장으로 넘기기 싫다. 문단을 1~2줄 정도로 띄워서 나눈다면 글을 읽는 데 피로도는 적을 것이고, 저자가 독자에게 전달하려는 내용이 쉽게 와닿는다.

- 글이 3~4줄 이상 되면 무조건 ENTER 키를 눌러 문단 만들기
- ALT + SHIFT + N 키를 눌러 중간에 문장이 끊기지 않도록 조정하기
- 소제목만으로도 다양한 상상을 할 수 있도록 호기심을 유발하는 소제목 짓기

04

본인이 쓴 글을 스스로 낭독하는 시간을 가져라.

컴퓨터로 글을 쓸 땐 내 글이 마냥 좋아 보였다. 막상 소리 내어 읽어 보니 어색하게 느껴지는 부분이 있더라. 그냥 넘어가려 해도 막히던 부분은 계속해서 막히게 되어 있다. 보통은 본인이 쓴 글을 자주 읽어 보지는 않는다. 물론 글을 쓰는 동안에는 흐름을 파악하기 위해, 뒤에 문장을 잇고자 읽을 수밖에 없다. 지은이가 말하는 읽기는 다 쓰고 나서 전체적으로 다시한번 읽어 보라는 말이다. 그것도 소리를 내서. 어설픈 문장이 보이면 고치고, 구구절절 늘어놓았다는 느낌이 드는 문장은 줄여 나가야 한다. 이 고침의 과정이 많을수록 더 완벽한 문장이 되는 것 같다.

독서를 하는 방법에는 속독과 낭독이 있다. 속독은 빠르게 훑어서 원하고자 하는 정보를 얻을 때, 낭독은 누군가의 앞에서 소리 내어 읽으며 내용을 효과적으로 전달할 때 추천한다. 이 둘 중 낭독이 딱 우리에게 적합한 방법이라고 본다. 요즘은 책 읽어 주는 앱도 있다던데 눈으로 보고, 손에 책을 쥐며 그 책의 재질을 느끼고, 입에서 낸 소리를 귀로 들을 수 있는 아날로그식 독서가 더 좋다. 여러분은 전자책, 종이책 중 어떤 책을 선호하는가? 책 읽어 주는 앱에서 AI가 전자책을 읽더라도, 본인 스스로 책을 읽더라도 듣는 이가 자연스럽다고 느낀 글에 사람들은 더 이끌리는 법이다. 우리는 이처럼 자연스러운 글을 만들어야 한다. 이제부터라도 스스로 낭독하는 시간을 가져 발음을 어디서 조절하면 될지, 어색한 부분은 없는지, 속도는 너무 빠르지 않은지를 낭독하여 파악해 보도록 하자.

우선, 본인이 쓴 자소서를 출력하여 학교 운동장으로 나가 보자. 그냥 평소 말하듯 운동장을 한 바퀴 돌며 자소서를 읽는 것이다. 이때 핸드폰 녹음기로 본인 목소리를 녹음해라. 이 녹음본을 자기 전에 들으면서 말의 속도, 흐름, 높낮이도 체크해야 한다. 내가 생각하는 목소리와 상대방에게 들리는 목소리는 다르게 들리기 때문이다. 좀 전의 이야기를 이어 운동장을 돌며 막히는 부분은 다른 표현으로 반드시 바꿔 줘야 한다. 내가 어색하면 심사위원도 어색하다고 생각한다. 다만, 아무리 바꿔 보려 해도 뜻대로 되지 않을 때가 있다. 그럴 땐 과감히 그 문장을 삭제하고 다른 말로 채워 넣어 보자.

자소서를 낭독법으로 첨삭하게 된 계기를 들려주고 싶다.

보통 독서를 묵독→속독→낭독의 순으로 한다. 태어난 순간부터 되짚어 보면 우리는 엄마의 배 속에 있을 때부터 부모님이 좋은 것만 들려주고 교감하고자 태교를 해 주신다. 책을 읽어 주시면서 부모님의 목소리를 아기에게 계속해서 알리는 것이다. 그렇게 태어나 아장아장 걸을 때쯤이면 소리 나는 책을 손가락으로 짚으며 귀여운 말투로 책을 읽는 모습을 볼 수 있는데 이 시기에는 우리 모두 낭독을 했지만, 초등학교 입학 후부터 묵독을 하는 게 눈에 보인다. 이때부터 잊힌 것일까? 대부분은 많은 사람 앞에서 소리 내는 것을 부끄러워한다. 모든 상황에서 낭독을 하라는 것이 아니니 때에 맞춰 활용하면 좋은 효과를 낼 것이다.

고등학교 국어 시간 때, 문학 독서하기 릴레이를 한 적이 있다. 으쌰으쌰 분위기를 조성하기 위해 한 분단씩 나눠 팀을 구성했고, 문장을 읽다가 막히는 구간이 있으면 다음 사람에게 기회가 넘어가는 규칙을 정했다. 우리 모두 너무 쉽게 봤던 것일까? 분명 눈으로 보기에는 막히는 구간이 없고, 잘 읽혔는데 소리 내서 읽으니 한계가 와서 5분도 지나지 않아 다음 친구에게 기회가 많이 갔다.

학급 친구 모두가 "와, 눈으로 읽는 거랑 소리 내서 읽는 거랑 느낌이 확 다르네." 이렇게 말하기도 하였다. 이 순간 자소서를 이 방식으로 첨삭하면 되겠다고 아이디어가 떠올랐다. 상업경진대회를 같이 준비했던 한 친구가 있었는데 그 친구와 운동장을 걸으며 함께 연습을 했다. "이 구간에서는 이런 말투로 했으면 좋겠어. 이 부분은 빼는 게 매끄러울 듯. 이 부분은 목소리를 좀 더 키워 봐." 이렇게 우리는 서로에게 가상의 면접관이 돼 줘 피드백을 주고받았다. 소리 내어 낭독하다 보니 좋은 점은 내가 쓴 문장이 심사위원에게 어떻게 전달될지를 중시하게 되었다는 것이다. 그렇게 초고를 세 번 정도 소리 내어 읽고 수정한 후 모두가 잠든 새벽에 다시 한번 읽었다. 고요하고 어두운 독서실에서 독서 등 하나 딱 켜니 집중도 잘 되어서 좋았다. 이 방법을 쓰고 나서는 신기하게도 계속해서 막히는 부분이 술술 풀려 나가는 효과를 확실히 보게 되었다. 처음이 어렵지 두 번부터는 쉽다고, 습관이 되어 어느 순간부터 면접 예상 질문 준비를 할 때도 이 방법을 쓰는 내 모습을 보게 되었다. 면접 예상 질문을 소리 내어 답할 때 말투 교정, 끊어 말하기, 높낮이 조절하는 것도 할 수 있게 되어 여러분도 이 방법을 한 번쯤은 시도해 보라고 말해 주고 싶다.

05

외국 소설가의 창조적 글쓰기에 대한 견해를 알려 주고 싶다.

글은 소리와 밀접하게 연관되어 있다고 생각한다. 애당초 우리 언어는 소리를 바탕으로 만들어졌고 지금까지 주로 입과 귀를 통해 의사를 전달해 왔으니 말이다. 이 의견을 증명할 수 있는 건 우리가 해외여행을 갈 때 하는 행동이다. 서점에서 그 나라의 기초 언어 책을 구매하면 외국어 표기법이라 해서 친절히 외국어를 한국어로 바꿔 알려 주고, 언어 앱에서 번역된 내용은 소리 버튼을 누르면 발음 소리와 연결시켜 들려준다. 그럼 우리는 언어 자음과 모음을 소리 내어 읽고, 모르던 언어를 한글 표기대로 소리 내어 읽다가 자신감을 얻게 된다. 여러분도 서류 작성, 면접 준비를 할 때 소리 내어 읽으면서 고쳐 나가 보라고 권하고 싶다. 이 낭독법을 여러분에게 추천해도 될지 몇 차례 고민하였다. 그러다 외국 소설가들이 창조적 글쓰기에 대한 견해 100가지를 올린 글을 보았는데, 이것 또한 읽으면 도움이 될 것 같아 가장 기억 남았던 몇 가지를 추려 전한다.

눈으로 읽었을 때 괜찮았던 구절도
소리 내어 읽는 순간, 무엇이 약점인지 알게 되었다.

- 영국의 소설가 새뮤얼 버틀러 -

Writing comes more easily if you have something to say
(말할 것이 있을 때 글 쓰는 일이 더 쉬워진다).

- 폴란드 태생 미국 소설가 애쉬 -

초고는 완전하게 쓰려고 하지 말고 그냥 거침없이 써라.
그런 다음 되돌아가서 각 절을 검토하라.
과도한 단어는 솎아 내고 완전한 단어를 찾아내어
이야기가 노래처럼 들리게 하라.

- 미국 작가 샐린저 -

06

나의 맞춤법이 자소서를 읽는
면접관의 인상을 찌푸리게 할 수 있다.

1. 상황에 따른 맞춤법

되	'되다'에서 '다'를 제외한 것	돼	'되어'의 준말 예) 되었다 → 됐다.
든지	이것과 저것을 선택할 때 사용	던지	지난 일을 떠올릴 때
맞겨	옳고 그름에 사용	맡겨	물건을 맡길 때 사용
안	'아니'의 준말	않	'아니하다'의 준말
~로서 (자격)	지위나 신분, 자격을 뜻함 예) 인턴으로서	~로써 (수단)	어떤 일의 수단, 도구 예) 말로써 천 냥 빚을~

* 위 표에서 자주 헷갈리는 단어를 추려, 눈에 띄는 곳에 붙여 두면 좋다.

2. 올바른 표기법

며칠	몇일은 올바르지 못한 표기법으로 며칠을 사용하자.
어떻게	많이들 헷갈리는 '어떡해'와 '어떻게' 두 표현 모두 맞다. '어떡해'는 '어떻게 해'를 줄인 말로 앞의 문장에 맞게 사용하자.
금세	'지금 바로'라는 뜻을 가지고 있다. 금시에의 줄임말이니, 금새가 아닌 '금세'가 맞다.
~이/~히	실제로 발음을 해서 소리가 '이'로, '히'로 정확히 끝나야 한다. 예) 틈틈이, 짬짬이, 따뜻이 / 솔직히, 분명히, 확실히

기본 이력서

사진 부착 (최근 3개월 내)	성명	(한글)	(한자)		(영문)		
	생년월일						
	주소						
	E-mail			전화번호			

학력	학교명	전공/과	소재지	입학일	졸업일	졸업 여부

경력	직장명	부서	직급	재직 기간	담당 업무

자격 사항	자격증 종류	취득일	발행 기관

수상 내역	수상명	수상일	수상 기관

어학	어학명	점수 또는 등급	취득일

기본 자기소개서 4가지 항목 및 이력서 작성해 보기

1. 지원 분야/직무와 그에 대한 동기를 구체적으로 작성하시오.

2. 성장 과정(가치관, 삶의 목표가 드러나도록 본인의 경험 위주로 작성하시오.)

3. 성격의 장단점(단점을 극복했던 사례를 구체적으로 작성하시오.)

4. 입사 후 포부를 구체적으로 작성하시오.

지원 동기

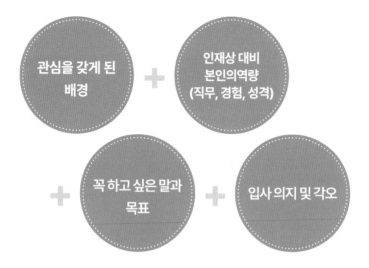

관심을 갖게 된
배경

＋

인재상 대비
본인의역량
(직무, 경험, 성격)

＋

꼭 하고 싶은 말과
목표

＋

입사 의지 및 각오

자소서, 면접에서 반복해서 묻게 되는 질문이 지원 동기이다. 대부분 지원자에게 지원 동기를 물으면 단지 입사하고 싶다거나, 합격해서 열심히 하겠다는 이야기들뿐이다. 이 대중적인 이야기보다 회사의 비전, 인재상을 본인의 성격과 연계시키는 게 관건이다. 왜 이 회사에 지원하게 되었는지 진정성 있게 보여 줄 수 있는 내용이 꼭 필요하다.

성장과정

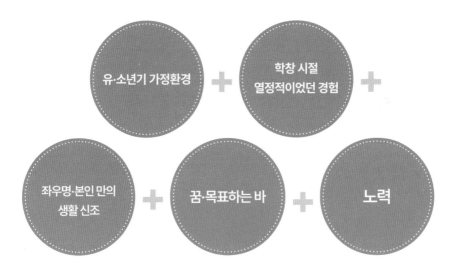

　　대부분 성장이라는 단어를 보면 어렸을 적을 회상하며 이야기를 쓸 것이다. 단순하게 부모님 직업, 가족 관계로 시작해 이야기를 끝내는 경우가 있는데, 질문의 의도는 부모님의 가르침과 가정환경 속에서 본인은 어떠했는지를 평가하고 싶은 것이다. 관련 없는 이야기는 관심이 덜 가기에 성장과정은 과거를 거스르지 말고 현재를 기준으로 본인이 살아오면서 어떠한 인상적인 일이 나를 기쁘게 해 줬는지를 작성하고 거기에 내가 어떤 좌우명이나 교훈을 얻게 되었는지를 말하면 된다.

성격의 장단점

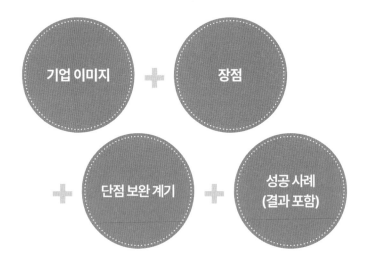

　성격의 장점은 본인이 가장 잘 알고 있을 테니 단점으로 넘어가려 한다. 처음 자소서 작성, 면접을 준비하면서 장점은 많이 떠올랐는데, 단점은 떠오르지 않았다. 늘 좋은 모습만 생각하고, 뒤돌아볼 시간이 없었기 때문이다. 무조건 단점만 밝힌다면 마이너스 사항인데, 단점을 어떻게 보완시켰는지, 본인의 단점이 업무에서 어떻게 장점으로 발휘될 수 있는지를 밝히면 문제없다. 연예인, 위인들의 자서전만 읽어 보아도 그들은 늘 자신의 부족한 점을 바꾸려 생각하고 행동으로 실천한다. 이렇게 성공한 사람들도 자신의 단점을 고쳐 나가고, 파악하기 위해서 꾸준하게 시간을 쏟는데 우리도 자신을 알아 가는 시간이 오래 걸릴 테지만, 이 시간을 꼭 가져야 한다. 조심스레 나 자신을 아는 법 2가지를 추천하고자 한다.

07

나 자신을 아는 방법 2가지

첫째, 시간이 부족한 자는 오랫동안 함께한 친구, 지인에게 내 평소 모습을 어떻게 생각했는지 들어 보는 것이다. 여기서 주의할 점은 오랫동안 함께한 지인들은 내가 그 말을 들으면 상처받을까 돌려서 말할 수 있기에 나의 단점을 친절하게 말해 줄 수 있는 친구에게 다가가 맛있는 음식, 달달한 디저트를 먹으며 시간을 보내 보자. 이러면서 상대 친구가 나에게 서운했던 점을 털어놓을 수도 있다. 그럴 땐 나쁘게 생각하지 말고 긍정적으로 수렴하여 바꾸어 나가면 된다.

● **매일 나에게 던지는 질문 5가지**

1. 나는 오늘 어떤 것에 감사함을 느꼈는가?
2. 오늘 가장 중요히 여긴 일 한 가지가 무엇이었는가?
3. 오늘 새롭게 알게 된 건 무엇인가?
4. 오늘 내 기분은 어떠했는가?
   (화 났던 순간, 속상했던 순간, 행복했던 순간 등)
5. 오늘 부족했던 점은 무엇인가?
   이를 보완하기 위한 더 나은 방법은 무엇인가?

---

* 나에게 '감사'란, 그 당시 내 스스로의 기분이 좋아 감동과 기쁨을 받은 순간이다. 매사 감사할 수는 없지만 사소한 것 하나라도 감사한 마음을 표현하면 사람을 대하는 태도, 무언가를 바라보는 시각이 변하는 것 같다.

둘째, 컴퓨터, 핸드폰 등으로 MBTI 검사를 꼭 해 보았으면 하는데, 너무 MBTI에 의존하는 것은 추천하지 않는다. 모든 사람을 유형화한 검사이기에 틀에 박혀 있다. 또, 그날의 기분, 감정에 따라 선택하는 게 다르기에 유형이 다르게 나온다면 그 결과가 본인한테 끌리지 않아 "아 나는 역시 E(I)라 그러나 봐." 이런 식의 자기 합리화에 빠지더라. 그럴 땐 본인과 어느 정도 맞다 판단되는 부분만 따로 적어 활용해 보자.

MBTI(Myers-Briggs Type Indicator, 마이어스 브릭스 성격 유형)

과거엔 "혈액형이 어떻게 돼요?"라고 물었다면 현재는 "MBTI가 어떻게 돼요?"이다. MBTI의 특징은 기본적인 틀을 사람들에게 제공한다는 것이다. MBTI가 나오기 전 혈액형이 A라고 말하면 곧장 성격, 특징을 줄줄이 설명해 줬다. 사람들은 이렇게 게시된 틀 속에서 유형을 파악하여 일상에 적용시킨다. MBTI에 따른 커스텀 음식, 맥주, 의류가 생겨나면서 엄청난 인기를 끄는 모습이 보인다. 요즘엔 MBTI를 모른다면 대화 도중 "어? 아직도 모른단 말이에요?" 이렇게 대화가 이어진다. 심지어 채용 공고 우대 사항에 'MBTI ○○○○ 유형 우대'라고 쓰여 있다. 이렇게 기업에서도 활용하는 걸 보면 본인의 MBTI 유형 정도는 알아 둬야 하지 않을까? 아직 검사를 해 보지 않은 자가 있다면 한 번쯤은 해 보면서 평소 행동도 떠올려 보길 추천한다.

· 분석가형

INTJ	모든 일에 대해 계획을 세우며 상상력 풍부
INTP	지식을 끝없이 갈망하는 혁신적인 발명가
ENTJ	항상 문제 해결 방법을 찾아 다니는 성격 대담하고 상상력이 풍부하여 의지가 강력한 지도자
ENTP	지적 도전을 즐기는 영리하고 호기심이 많은 사색가

· 외교관형

INFJ	차분하고 신비한 분위기를 풍기는 성격 다른 사람에게 의욕을 불어넣는 이상주의자
INFP	항상 선을 행할 준비가 되어 있는 부드럽고 친절한 이타주의자
ENFJ	청중을 사로잡고 의욕을 불어넣는 카리스마 넘치는 지도자
ENFP	열정적이고 창의적인 성격 긍정적으로 삶을 바라보는 사교적이면서 자유로운 영혼

· 탐험가형

ISTP	대담하면서도 현실적인 성격 모든 종류의 도구를 자유자재로 다루는 장인
ESTP	위험을 기꺼이 감수하는 성격 영리하고 에너지 강하며 관찰력이 뛰어난 사업가
ISFP	항상 새로운 경험을 추구하는 유연하고 매력 넘치는 예술가
ESFP	즉흥적이고 넘치는 에너지와 열정으로 주변사람을 즐겁게하는 연예인

· 관리자형

ISTJ	사실을 중시하는 믿음직한 현실주의자
ISFJ	주변 사람을 보호할 준비가 되어 있는 헌신적이고 따뜻한 수호자
ESTJ	사물과 사람을 관리하는 데 뛰어난 능력을 가진 경영자
ESFJ	배려심이 넘치고 항상 다른 사람을 도울 준비가 되어 있는 성격 인기가 많고 사교성 높은 마당발

MBTI 유형 검사 결과 기록

유 형	
에너지	
정 신	
본 성	
전 술	
자 아	

08

다양한 경험이 중요한 시대에 들어섰다.

특성화고 전형은 자소서에 적을 만한 소재, 면접에서 받을 질문을 다양한 경험과 자격증으로 커버해야 한다. 특성화고의 좋은 점은 대학생 스펙과 맞물리는 다양한 경험과 각종 대회에 참가할 기회를 준다는 것이다. 이렇게 우리는 재학 기간 내 다양한 경험을 하게 된다. 내가 한 일을 기록해 두면 나중에도 이때의 기억이 떠올라 좋게 활용할 수 있지만, 시간이 흐르다 보면 무뎌져 경험한 일을 의외로 잘 설명하지 못한다. 한 달 전 오늘 무엇을 했는지 물으면 기억이 나지 않는다거나 대략적으로 말을 하고 끝낸다. 이렇게 잘 설명하지 못하거나 잊어버린 것은 경험이 되지 못한다.

그래서 지난날을 돌아보고 되새길 만한 경험 노트를 만들어 기록하는 습관을 가졌으면 한다. 지은이는 실제로 동아리, 대회 참가, 교내외 활동을 하며 어떤 역할을 맡았는지, 결과물은 어떠했는지, 이 활동을 통해 얻은 교훈은 무엇인지를 기록하는 목적으로 처음 시작했었는데 하루에 2곳 정도 지원서 작성을 하다 보니 정신없는 시기엔 필요할 때마다 곧장 이 기록지만 살펴보면 되어서 너무 편리했다. 또, 기억을 되새길 때마다 생각나는 내용을 경험 기록지에 추가하는 작업을 여러 번 반복해서 하다 보니 그때의 상황을 잊지 않고 오랫동안 생생히 기억에 남아 이제는 오로지 내 것이 되었다. 여러분도 아래 기록법을 참고하여 경험 한 가지 정도는 기록해 보는 시간을 가졌으면 좋겠다.

기록하는 법은 간단하다. (경험 기록지 샘플 제공)

1. 시간순으로 나열하기

최근 경험했던 날짜를 적는다. 보통 ○○년 ○○월로 마무리 짓는데 ○○년 ○○월 ○○일까지 정확히 기록해 두자. 몇 기업의 경우 경험(경력) 기술서에 연월일을 포함하여 활동 시간까지 묻는 경우가 있으니 이를 대비하기 위한 것이다. 또, 증빙서류를 제출하라고 하는 경우 허위 사실이 확인되었다면 불이익을 받게 되니 이 점을 꼭 명심해 두자.

2. 키워드순으로 나열하기

종류를 동아리, 대회, 체험 활동, 특강 등으로 우선 정해서 그 종류별로 기록해 두자. 다양한 경험을 해 본 건 좋지만 위와 같은 종류 구분 없이 정말 다양한 경험으로만 남을 수 있다.

경험 기록 노트 양식

경험 기록지	
활동 기간	시작일 년 월 일 ~ 종료일 년 월 일 (총 시간)
활동 장소	
주최 기관	
본인 역할	
함께 활동한 팀원	인원수 명
활동 내용	1. - (상세) 2. - (상세)
결과(성과)	

갈등 발생 경우	갈등 발생 원인	
	당시 상황(분위기)	
	갈등 해소 방안	

활동 후 느낀 점	
활동 후 얻게 된 교훈	

09

고등학교 재학 기간 내 주요 활동

1. 국토대장정_대한민국 3대 산(한라산, 지리산, 설악산) 종주

백두대간 앞에서

한라산 해발 900M

바위 위에서 찍은 운동화

국토대장정 설악산 정상 종주

2. 글로벌 연수_호주 시드니 직무 체험과 문화 탐방 활동

호주 직무체험과 문화탐방 체험 연수

시드니 opal card 구입

호주 TAFE 대학 견학

오페라하우스 앞 Harbour Bridge

3. 봉사 활동_문화재를 활용한 지역 홍보 책자 만들기

직접 만든 지역 문화재 책자

옛 교복 입고 태극기 휘날리기

문화재청 지역 상생 활동 신문 기사 스크랩

4. 대회 참가_창의적 아이템 발굴 분야

충남상업경진대회 창업실무
부문 참가

충남상업경진대회 단체 사진

전국상업경진대회 진출 : 은상 1위

Be the Ceo's 중소벤처기업
부장관 대상 수상

아이템 발표 전 대기 시간

전국상업경진대회 진출자를
위한 심화교육 참석

5. 대회 출전 아이템 발굴 및 사업 계획서 작성

구체화된 창업(사업 계획서) 작성

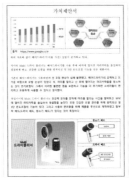

단 하나뿐인 가치를 알리는
'가치제안서'

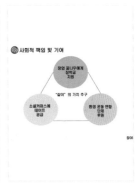

같이의 가치를 추구하다

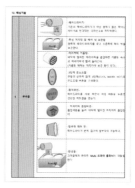

설문지를 통한 소비자의 의견 수렴　엔젤투자를 통한 자금 확보　각 부속품 별 자사의 핵심 기술 소개

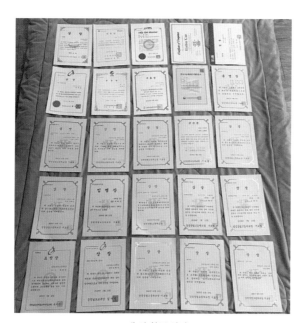

교내·외 활동 상장

창업 분야 수상 내역

특성화고교생 사장되기 창업대회

주최 | 한국시민자원봉사회
주관 | 교육부, 문화체육관광부

전국 16위

2019 비즈쿨 CEO 경진 대회

주최 | 순천향대학교 창업지원단장
팀명 | 늘품

충남 1위

2020 충남상업경진대회 창업실무부문

주최 | 충청남도 교육청

충남 2위

PART 7

면접 준비 전략

01

면접의 유형

1분 자기소개	영어 면접
PT(발표) 면접	AI 기반 면접
토론, 토의 면접	압박 면접
상황 면접	경험 면접

면접 인원 구성

1:1 면접

면접관 한 명과 지원자 한 명이 마주 보고 면접하는 방식.

* 특징

- 오로지 본인에게만 집중해 부담스럽기는 하나, 본인을 알릴 시간이 많다.
- 면접관은 지원자에 대해 많은 정보를 얻을 수 있다.

1:5 면접

면접관 다섯 명과 지원자 한 명, 압박식으로 이뤄지는 방식.

* 장점

- 다양한 관점에서 평가한다.

* 단점

- 다수의 면접관의 시선을 받아 신경 써야 할 부분이 많다.
- 생각지 못한 압박 질문을 받으면 당황할 수 있다.

다대다 면접

다수의 면접관과 다수의 지원자가 한 공간에 모여 면접하는 방식.

* 제일 두려워하는 다대다 면접은 집중적으로 이야기하고자 한다.

- 질문에 답변이 겹치는 경우 부담감이 커지고, 불안해진다.

- 상대방이 말할 때 어떠한 태도를 보이는지를 좀 더 세심히 평가하게 된다.

- 공감, 경청은 필수이고 자세나 고개를 45도 틀어 적극성을 표현한다.

* 주의할 점

- 길게 말한다 해서 좋을 것 없다. 짧고 굵게 두괄식으로 표현해라.

- 혹여나 겹치는 부분이 있다 해도 당황하는 모습을 보여선 안 된다.

  (저도 ○○ 님의 의견에 동의합니다. 의견을 덧붙이자면 ~~라고 생각합니다.)

- 동의는 한두 번만 하자! 너무 자주 하면 적극성이 없어 보이고, 상대방의
  의견에 트집을 잡는 것처럼 보여 자신에게 마이너스 사항이 될 수 있다.

대표적인 4가지 면접 유형

1. 경험 면접

과거 경험을 기반으로 기업이 요구하는 역량을 갖추고 있는지를 평가한다. 지원자의 인성과 성장 배경, 사회성을 엿볼 수 있는 다양한 질문을 받게 되며, 지원자의 답변에 따라 압박 질문, 역질문이 나올 수 있다. 그렇기 때문에 두루뭉술한 경험보다는 확실히 답변할 수 있는 자신의 과거 경험을 구체적인 사례를 들어 답해야 한다.

2. 상황 면접

실제 입사해서 업무 태도를 파악하기 위한 방식이다. 구체적 상황을 가정하고 그 상황에서 지원자가 어떻게 대응할지를 평가하고, 이를 통해 면접관은 지원자의 상황 대처 능력, 융통성을 판단한다. 직무에서 발생할 수 있는 다양한 상황에서 공적인 요소를 우선시하고, 회사의 규정과 이익을 따라야 하니 이에 맞춰 답하면 된다고 본다.

3. PT 면접

정해진 시간 동안 특정 주제에 대해 프레젠테이션을 하는 방식이다. 지원자에게 논리력, 전달력, 문제를 쥐여 줬을 때 어떻게 대처하는지, 자신감 등을 판단하게 된다. PT 면접은 주제에 맞는 내용을 구성하고, 면접관과 소통, 아이 콘택트 등이 잘 어우러지기 위해 스피치 연습을 자연스러움이 묻어날 때까지 해야 한다.

4. 토론 면접

제한된 시간 동안 지정된 주제를 가지고 6~10명 정도의 지원자가 40~50분 내외로 자유롭게 토론하는 모습을 면접관이 관찰하는 방식이다.

주로 대화를 이어 나가는 능력, 자세, 배려심, 의사소통 능력을 판단하고, 말똥말똥 가만히 있기보다는 중요한 내용을 노트에 적어 나가는 모습도 필요하다.

* 주의 사항

대략 10명당 본인의 발언 시간을 3~4분 안쪽으로 잡아야 적당하다. (발언 시간을 너무 많이 잡으면 타인이 발언할 시간을 빼앗아 가기에 배려심이 없다고 평가되고, 너무 짧게 잡으면 적극성이 없다고 판단된다)

* 토론 면접에서 자주 하는 실수
- 찬반 토론 진행 도중 말을 끊어 흐름이 끊기고, 진행하는 사회자도 눈치를 보는 상황
- 상대의 이야기보다 자신의 이야기가 맞는다는 식으로 흘러가는 상황
- 상대를 알아 가고자 하는 마음이 없는 상황
- 메모지와 펜이 있는데도 불구하고 허공을 바라보고 멀뚱히 있는 상황
- 말할 타이밍을 놓쳐 아무 말도 못 하고 오는 상황
- 자신의 감정을 조절하지 못하고 폭발하거나, 보복하거나, 언성을 높이는 상황

02

면접을 위한 준비

복장

하나의 에피소드로 면접 통보를 받아 부랴부랴 엄마와 함께 면접복을 구매하러 근처 아울렛에 갔다. 기본적인 블라우스, 스커트, 구두, 가방만 골랐는데도 50만 원이 훌쩍 넘었다. 면접 준비에 드는 비용이 꽤 높으니 면접복을 구매하는 데 실패 확률이 적었으면 한다. 수많은 면접자를 대기실에서 본 기억을 살려 가장 눈길이 갔던 면접복을 아래와 같이 추천한다.

- 거칠어 보이는 재질보다 은은한 광이 나는 새틴 재질을 추천한다.
- 치마는 짧으면 부담스러워 보인다.
  앉았을 때 무릎 언저리에 오는 길이를 추천한다.
- 재킷은 네크라인(필수)이 있고, 부해 보이지 않는 A 라인을 추천한다.
- 구두 굽이 높다고 좋은 것은 아니다.
  165cm 이상은 3~5cm, 그 이하는 5~7cm를 추천한다.
- 가방은 있어도 없어도 무방하다.
  (다만, 출력물과 수험표는 구겨지지 않도록 클리어 파일에 넣기)

면접복 대여 서비스 활용

취업을 성공한 후 면접복을 옷장에서 한 번도 꺼내어 본 적이 없어 아까운 마음이 늘 든다. 문득 혼자만 이런 생각을 하는지, 다른 이들은 취업 후 옷을 어떻게 활용하는지 궁금해 인터넷에서 자료를 살펴보았다. 인크루트에서 직장인을 대상으로 "입지 않는 정장을 기증할 의향이 있나요?" 주제로 설문 조사를 한 적 있다. 응답자 대부분은 취업을 성공한 후 다시 꺼내입지 않아 중고 거래 마켓을 통해 무료 나눔을 하거나, 정장 기증을 통해 뜻깊은 곳에 쓰이길 희망한다고 밝혔다. 본인이 입을 옷이니 새것을 구매하는 것도 좋지만, 비용적으로 부담된다면 요즘 온라인과 오프라인에서 대여해 주는 곳도 있으니 필요할 때마다 대여해도 좋다.

서울시 거주자는 면접 정장 무료 대여 취업 날개 서비스를 꼭 이용하자.

대여 규정

누구에게?	고교 졸업 예정자 ~ 만 39세 서울시 거주 청년 구직자 누구나
무엇을?	정장, 넥타이, 벨트, 구두 등 면접 필수 아이템을 한곳에서 모두 대여
기간은?	연간 1인당 최대 10회까지 무료
대여 방법은?	1회는 사이즈 측정이 필요하여 오프라인 방문 1회는 택배 또는 직접 수령으로 가능

대여 업체 및 지점

업체	지점	업체	지점
마이스윗인터뷰	신촌점, 사당점, 영등포구청점	야베스컬렉션	이수점
체인지레이디	왕십리점, 강남점	스타일딜리셔스	청담점
슈트갤러리	논현점, 충정로점	드림윙즈	홍대점
열린옷장	건대점	스완제이	노원점

대여 전 참고 사항

- 지점 방문 전, 신분증과 문자로 전송된 등록 번호 지참 필수
- 대여 기간 3박 4일 이내 방문 또는 택배 접수로 반납
- 대여 기간 연장 시 면접 사실 확인 자료 제출 필요

헤어

남자는 머리빨이라는 말을 들어 본 적 있을 것이다. 이 말은 남녀 모두에게 해당된다고 본다. 다시 고등학교 3학년으로 돌아간다면 내가 직접 머리를 셀프로 세팅하지 않을 것이다. 얼굴 대칭이 맞으면 원 없이 좋겠지만, 머리를 왼쪽으로 넘기는지 아니면 오른쪽으로 넘기는지에 따라 인상이 확 달라진다는 것을 느꼈다. 또, 서툰 방법으로 하다 보니 오히려 지저분하게 된 적도 있어 준비하는 데 오랜 시간이 걸렸다.

면접 당일 사진을 한 번씩 보면 '전문가의 손길이 닿는 곳에 가서 나에게 어울리는 단정한 면접 머리를 받을걸...' 하는 아쉬움이 늘 있다. 헤어 숍의 단점을 하나 꼽자면 경제적 부담이 있다는 것이다. 비용적으로 부담이 있지만, 본인의 두상에 맞게 스타일링 해 주며, 흐르는 머리 없이 깔끔히 업스타일을 해 주니 본인이 셀프로 머리 연습을 몇 번 해 봐도 계속해서 지저분하게 된다면 아깝지 않은 소비가 될 것 같다.

요즘 유튜브 검색창에 면접만 검색해도 스타일링에 필요한 재료, 남자와 여자를 구분한 셀프 취업 머리 등이 연관 검색어로 뜬다. 내 머리를 내 손으로 하다 보니 시청자들은 어렵게 느껴지는 게 당연하다. 이에 영상 창작자는 5분 안에 완성하는 스타일링 등으로 영상을 많이 올리는 추세인데, 유튜브에 #(여자, 남자 구분 짓고) 면접 머리 쉽게 하는 법으로 검색하는 것은 어떨까? 여러 영상을 다 시청해 보고 내 손에 쉽게 익히는 영상을 찾을 때까지 몇 번이고 시도해 보면서 앞으로 참고할 영상 하나를 최종적으로 고르자. 골랐다면 영상 링크를 복사해 메모장에 붙여 둬라. 하루에도 관련 키워드로 영상이 몇 개씩 올라오니 정작 내가 면접 보는 날 그 영상을 찾으려면 기존에 영상을 찾았던 위치에 없을 수 있다. 링크를 복사해 둔다면 이것만 클릭해서 스타일링을 시작하면 되니 시간 절약도 되고 수월할 것이다.

메이크업

남자의 경우	여자의 경우
- 지저분한 눈썹 정리(필수) - 답답해 보이지 않도록 앞머리 넘기기 - 생기 있어 보일 정도의 립밤 바르기	- 가르마+로우번 헤어 - 색조 진하지 않도록 자연스럽게 - 립글로스로 고급스러운 이미지 주기

* 미용이 서툰 자라도 위 추천법은 꼭 했으면 한다.

03

면접 통보를 받았다.

지금 이 페이지를 다시 읽는 자는 아마도 서류 전형, 필기시험을 통과하여 면접 제안을 받았을 것이다. 면접일 통보를 받자마자 면접관 앞에서 어떠한 말들로 나를 표현할지가 제일 고민되었다. 이미 상상만으로는 떨지 않고 갑자기 훅 들어오는 질문에도 당황한 기색 없이 술술 말로 풀어내어 면접을 잘 보고 왔는데, 막상 준비하자니 실제로 그 자리에서 어떤 질문을 받을지 가늠조차 안 돼 어렵게만 느껴졌다.

면접장에 들어가면 여러 명의 면접관이 비슷한 색의 정장을 입고 나란히 앉아 있다. 나를 계속하여 쳐다보지만 질문을 던지지 않는, 고개를 수그려 자소서(이력서)만 쳐다보는, 처음부터 끝까지 지켜보다 마지막 순간에 질문을 던지는 등 이렇게 면접관의 유형은 정말 다양하다. 이때 면접자인 우리가 해야 할 것은 면접 의자에 앉자마자 자세와 옷매무새를 정돈하고 왼쪽에서 오른쪽으로 면접관을 향해 웃으며 한 분 한 분 얼굴을 눈에 담아두고 면접관을 어떻게 대할지 성향 파악하기에 들어서야 한다.

첫 면접일 통보를 받아 면접을 보러 서울에 간 적이 있다. 예상 질문을 준비해 갔지만 처음이라 모든 게 떨렸고, 예상 밖의 질문, 꼬리 질문을 많이 받았다. 면접이 끝난 한참 뒤까지 찜찜한 마음이 들면서 결국 면접장 주변에서 한 발자국도 벗어나지 못했다. 이번 실수를 다음에도 또 하면 안 되겠다며 바로 근처에 보이는 카페로 달려가 핸드폰 메모장에 당시 받은 질문을 기억나는 대로 모조리 적었다.

여러분도 본인만의 면접 노트를 만들어 노하우를 기록해 보는 건 어떨까? 이왕이면 면접 끝난 직후에 적어 보도록 하자. 짧은 시간 안에 받은 질문을 기억나는 대로 적다 보면 질문의 순서가 뒤죽박죽이지만, 빠짐없이 기록할 수 있어 좋다. 뒤죽박죽 적힌 질문은 나중에 순서대로 다시 정리하면 되니 이 부분은 걱정하지 않아도 된다. 다음번에 비슷한 질문을 받을 수도 있으니 혹시 모른다. 우리는 이 질문을 잊지 않고 기록해 두어 다음 면접 때 응용할 수 있다는 것을 기억하자. 답변, 면접 인원수, 분위기, 예상 밖의 질문, 상대 면접자에게서 본받을 점 등을 써 두면 다음 면접을 준비할 때도 도움이 되고, 어떤 부분에서 화법을 바꿔야 할지도 알게 된다. 이렇게 사소한 행동 하나가 나중에 큰 결실을 보는 것이라 저자는 생각한다.

Q) 면접장 안에 있다고 가정하고 본인이 받을 만한 질문을 예상해 적어보세요.

1.

2.

3.

4.

5.

04

모든 질문을 외울 필요는 없다.
재치 있는 표현을 섞어 답해 보자.

누구나 아무리 연습을 해도 떨리기 마련이다. 면접관도 지원자들이 떨린다는 것을 알고 있다. 내가 면접관이라면 면접을 통해 예상치 못한 질문을 받았을 때 얼마나 순발력 있고, 재치 있게 대처하는지 그 모습을 실제로 보고 싶을 것이다. 항상 면접 준비는 열심히 하겠다는 의지를 보이는 것도 맞지만, 내가 입사했을 때 어떻게 행동할지를 기준으로해서 답했는데 이게 큰 도움이 되었던 것 같다.

아빠는 엄마에게 가끔씩 사랑과 애정 듬뿍 담긴 멘트를 하신다. 이 멘트를 듣자마자 어색함과 부끄러움으로 나와 엄마는 아빠에게 어디 학원 다니는지를 묻는다. 이 이야기를 꺼낸 이유는 학구열이 솟구치는 도시 중심지만 나가 보아도 면접 학원, 스피치 학원, 취업 준비 학원에서 취업자들은 너무나 많은 수업을 받고 있다. 면접관도 사람이기에 비슷한 느낌의 답을 받으면 너무 외워서, 학원에서 준비해 준 것 그대로 답한다는 느낌을 받아 신선함도 없고, 압박 질문이 들어올 것이니 1분 자기소개, 지원 동기, 성격 정도만 외워 가자.

또, 준비한 모든 질문을 외워 가면 떨려서 말을 하다 얼버무리게 된다. 당황해서 "어… 아…." 이런 식으로 마무리 짓는 경우가 간혹 있는데 그 이유는 준비한 질문 한 글자 한 글자를 틀리지 않고 정확히 말하려 하기 때문이다. 우리는 이 과정에서 눈알을 굴리며 천장을 보게 되고, 말이 이상하게 흘러간다. 하나의 꿀팁을 주자면 예상 질문을 준비하고 그 질문 하나에 답변으로는 키워드 딱 하나만 준비해 가는 것이다. 그러면 당시 내가 겪은 상황이 떠올려지면서 평소 대화하듯이 자연스럽게 말할 수 있다. 이렇게 준비해 갔는데도 준비하지 못한 질문이 있다면 재치 있게 다른 내용으로 답하거나 그날 갑자기 떠오르는 말을 하는 수밖에 없다.

처음 문을 열고 자리에 앉으니 면접관에게 들었던 말은 "1분 자기소개를 해 보세요."이다. 어쩌면 1분은 길다면 긴 시간이지만, 나라는 사람을 1분 안에 압축시켜 소개하기엔 정말 짧은 시간이다. 나의 모든 것을 보여 주고 온다는 생각은 일단 접어라. 면접 진행 중, 면접이 끝나고 나서도 조용히 손을 들어 질문하고, 나를 표현할 시간이 있으니 면접의 첫 시작부터 짧고 굵게 1분 자기소개를 해 면접관에게 이끌리는 면접자가 되어 보자.

처음

안녕하십니까? 지원자 ○○번입니다.

(블라인드 채용의 경우 이름을 말하면 감점 사유가 되니 주의하세요.)

중간

실무 업무를 몸소 체험해 본 저는 ○○ 분야에 몰입한다는 것을 느꼈고 그 시간을 쏟을 가치가 있다 생각했습니다. 각종 대회, 관련 자격증을 취득하며 영역을 넓혔고 앞으로도 관련 직무에 확신을 가지며 일하고 싶어 ○○ 공사에 지원하게 되었습니다.

끝

끝은 입사 후 포부로 마무리하는 것을 추천합니다.

본인이 쌓아 온 스펙을 직무에 어떻게 연계시킬지, 만약 사회성을 넓히고 싶다면 '모임을 주최하고 싶다.', 혹은 '모임을 주최할 계획이다.' 등의 구체적인 자신의 포부를 담아 보세요.

05

발표를 하는데 창문에 카메라가 엄청 많이 보였다.

고등학교 2학년 중소벤처기업부 Be the CEO's 대회 참가 때 이야기이다. 대회의 마지막 단계인 최종 발표 시간, 이 발표를 기다리는 대기실 안은 조용하면서도 발표 내용을 되짚기 위해 웅성거리는 무거운 분위기였고 이 분위기 속에 내가 있었다. 이 분위기 속에서 난 문득 면접 때 대기실의 분위기도 지금과 같을지 잠시 고민을 했다.

내 차례가 다가와 발표를 위해 문 앞에서 기다리는데 선생님이 오히려 더 떨려 하시는 게 느껴졌다. 그때 "선생님, 모르는 질문도 아는 것처럼 자신 있게 하고 올 테니 너무 걱정하지 마세요."라고 말씀드린 뒤 드디어 내 발표가 시작되었다. 발표할 건 많고, 소개하고 싶은 기술은 많은데 시간에 제한이 있었다. 그 시간을 넘기면 감점 사유가 되기도 하는데, 하필이면 내 차례에 발표 도중 마이크가 고장 나는 사고가 발생했다.

심사위원과 대회 지도 선생님께서는 새 마이크를 가져올 때까지 기다리라고 하셨지만, 불이익이 발생할 것만 같아 당당하게 "심사위원님, 저 마이크 없이도 할 수 있습니다. 괜찮으시다면 아까 내용 이어서 진행하겠습니다."라고 말씀드렸다. 당황은 내가 해야 하는 상황에서 오히려 심사위원분들이 당황하셨다. 새 마이크가 올 때까지 기다릴 줄 아셨기 때문이다. 그렇게 대학교 강의실과 같은 그 큰 공간에서 발표를 이어 나가게 되었다. 이때

난 이 대회를 즐긴 게 분명했다. 태어나 처음 내 아이디어로 제품을 만든 것뿐만 아니라 사업 계획서 작성, 시장 분석, 자금 조달, 사회적 기여와 홍보 방안까지 내 생각이 100% 다 올인이 된 대회였기 때문이다.

마이크 소리를 능가하는 목소리를 내겠다며 내 목소리가 이렇게까지 컸구나 싶을 정도의 성량을 뽐내었다. 이렇게 큰 곳에서 발표하는 건 처음이었고, 눈앞에 같은 색상의 정장을 입은 심사위원이 많아 어지러우면서 떨리기도 했고, 지금 발표를 맞게 잘 하고 있는 건가 의문이 계속 들었지만 멈추지 않았다. 한 가지 재밌었던 건 내가 당황한 그 상황 속에서 창문에 카메라가 둥둥 떠다니는 것을 봤다는 것이다. 잘못 본 줄 알았는데, 나중에 확인해 보니 잘못 본 건 아니더라.

발표를 마친 뒤 문을 닫고 나오는데, 대회 지도 선생님께서는 수고했다는 말보다 박수부터 치시며 세게 끌어안아 주셨다. 너무 당황스러워 "선생님, 왜요? 아까 그 카메라는 뭐예요?"라고 질문을 드렸는데, 반전이 있었다. "아이고, 내 새끼. 연습할 때 목소리 크게 내라 할 땐 안 내더니 실전에서 대박을 터뜨리는구나. 너의 목소리가 너무 커서 옆 옆 대회장까지 쩌렁쩌렁 울렸어." 이렇게 답을 해 주셨다.

인생 처음 중소벤처기업부의 장관님이 주는 상을 하나 타서 오겠다는 목표가 생겨 발표 때 창피함은 1도 없었다가, 대회가 끝나니 부끄러움이 몰려왔다. 실제로 그 현장에 모인 선생님들은 내가 어느 학교 학생인지, 대회 지도는 누가 했는지 웅성거리시며 카메라로 내가 발표하는 영상을 찍어 가셨다고 한다. 이 대회는 교육부 장관이 우수 학교를 선정하는 혜택도 주어지는데, 이번 입상 결과로 우리 학교가 2년 연속 우수 학교에 선정되는 영예를 얻을 수 있게 되어 기뻤고, '멀티 드라이 클리너' 아이템을 전국에 알리며 대상을 받았다.

이렇게 2달이 흘러 또 다른 재단의 창업 대회에 참가하게 되었다. 대회장에 도착해 잠시 용모를 단정히 하러 화장실에 들어갔는데 머리를 고정시키고 옷매무새를 정돈하는 도중 뒤에서 어느 분이 내 등을 툭툭 쳤다. "어, 안녕하세요? 그때 그 대회 나가신 분 맞죠? 저 그 대회 심사한 심사위원이에요. 지난번에 발표한 게 떠올라서 인사해요."라고 인사를 먼저 주시는데, 같은 장소에서 또 뵈어 운명인가 싶었고 알아봐 주셔 감사할 따름이었다.

이렇게 조용하고, 자신감이 없던 내가 창업부장 선생님을 만나 단단한 사람이 되었다. 주말에 안부를 묻는 대화도 나누고 딸처럼 여겨주셨으며, 맛있는 것도 먹으러 다니기도 하는 가까운 사이가 되었다. 그렇지만 선생님의 지도법은 너무 어렵고 부끄러웠다. 대회장 분위기를 조성하는 강당 안에서 선후배들이 내 발표에 질문을 던지면 나는 그 질문에 답하는 방식으로 대회 준비를 이어 나갔다. 후배들 앞이라 더 잘 보이고 싶은 마음이 들어 계속해서 내 제품을 연구했고, 제3자 입장에서 보니 색다른 질문도 많아 처음엔 당황스러웠지만 어느새 모든 질문을 막히지 않고 답할 수 있게 되었다. 여러분에게 말해 주고 싶은 건 취업, 목표한 바를 이루고 싶다면 간절한 마음을 가져 보아라. 장인은 도구 탓을 하지 않듯 내 안에 숨겨져 있던 본능이 깨어나 이렇게 기적 같은 일이 일어날 수 있다.

06

면접장이 아닌 대기실에서도 자세가 중요하다.

『30분 일찍 도착해서 차분하게 앉아 있자.』

대부분 면접장에 일찍 도착해 준비해 온 질문지를 읽으며 본인 차례를 기다린다. 가끔 헐레벌떡 뛰어오는 면접자도 있는데, 면접 장소에 도착하자마자 곧바로 입장할 차례가 되어 힘겨운 숨소리를 내며 자리에 앉고, 숨고를 틈 없이 면접을 보는 최악의 상황을 맞이하게 된다. 특히 다대다 면접일 때 어수선한 분위기를 조성해 옆 사람의 면접에도 피해를 주게 된다. 또, 숨이 가빠서 헉헉대다가 내 본연의 목소리를 내지 못해 마이너스 사항으로 이어진다. 취업이라는 고지가 코앞이다. 우리는 적어도 30분 일찍 도착해 차분히 앉아 준비하고 있어야 한다.

1) 담배는 잠시 참아 보자.
2) 커피는 갈증을 유발하니 물을 마셔 보자.
3) 도착 후 화장실에서 용모를 단정히 정돈하자.
4) 면접 관계자, 직원과 마주친다면 가볍게 목례하자.
5) 다리 꼬고 앉는 것보다 다리를 오므려 차분한 자세로 앉아 있자.

문 하나만 건너면 진짜 그동안 준비해 온 것을 다 털어놓는 시간이다. 그 토록 열심히 준비했는데 마음이 떨린다고 말을 얼버무리고 흘리면 안 된 다. 면접장에 들어가기 전, 문 앞 의자에 앉아서 약 1~2분의 대기 시간이 있다. 우리는 이 시간을 잘 활용해야 하는데, 숨을 길게 마시고 밖으로 '후' 소리를 내며 마신 숨을 내뱉어 보아라. 이건 부교감신경이 활성화되어 떨 림을 진정시켜 주는 원리이다. 과학 시간에 배운 자율신경계에 대해 말해 보려 한다. 이 신경계는 교감신경, 부교감신경으로 이뤄져 있다. 부교감신 경을 활성화시켜야 떨림이 가라앉혀지고, 마음이 편안해진다. 스트레스가 많거나, 정서적으로 불안할 때 이 호흡법으로 명상 치료를 하기도 한다. 과 학적으로도 입증된 방법이니 떨리면 꼭 호흡을 진정시키고 입장해라. 아무 말도 하지 못해서 얼버무리고 끝내면 얼마나 허무한가. 그동안 준비해 온 게 있는데…. 떨리면 아무 말도 생각나지 않으니 꼭 진정시키고 입장해라.

자신감, 배려, 눈빛, 이 세 가지를 기억하라! 그리고 마음속으로 '나는 할 수 있다.'를 세 번 외치며 문을 두 번 두드리고 또박또박 걸어 들어가 그간 의 노력을 잘 펼치고 오길 희망한다.

면접장에서의 자세는 이렇게 해 줬으면 좋겠다. (공통)

면접관: 앉으세요. (면접관이 앉으라고 지시를 하면 앉아야 한다.)

면접자: 네 감사합니다. (감사의 말을 한 뒤 착석해야 하며 감사 인사는 필수이다.)

남자	여자
재킷에서 단추 달린 앞부분을 손으로 쓸어내리며 착석	스커트에 구김이 생기지 않도록 엉덩이부터 스커트 밑단까지 손으로 쓸어내리며 착석
남자는 다리 오므리는 자세 비추 주먹을 너무 꽉 쥔 손은 전투적으로 인식 됨 주먹 사이로 손가락 하나 들어갈 공간 두기	척추는 곧게 펴기 쩍 벌린 자세보다는 11자 다리 모양 하기 무릎 위에 양손을 포개어 올리기

퇴실 시의 자세

- 면접이 끝나면 감사의 인사는 필수(감사합니다. 수고하셨습니다.)
- 마지막 질문을 준 면접관과 아이 콘택트를 하며 퇴실
- 집에 도착하기 전까지 모르는 일이니 예의 바르게 행동
- 면접 끝난 후 대기실에서 어수선하게 면접 후기를 공유하는 행위는 금물

07

·애매모호한 부분은 다시 들어 보자.

면접 시간은 한정되어 있다. 주어진 하루를 알차게 보내느냐, 허둥지둥 보내느냐는 본인에게 달려 있듯 면접도 마찬가지다. 이처럼 면접도 시간 전략을 잘 짜는 게 중요한데 본인이 대답할 수 있는 질문인지 잘 판단해 아닌 것은 대체 답변으로 완만히 넘긴다거나, 곧장 통과시켜 시간 확보를 잘 해 둬야 한다. 면접은 본인만 보는 것이 아니다. 1인당 제한된 시간이 있기에 다른 사람들에게도 면접의 기회를 줘야 하니, 시간 조절을 잘 해 놔야 본인을 표현할 기회도 많이 주어진다. 뭐든 우리의 상상대로 순조롭게 끝나면 좋겠지만 변수는 늘 있다. 예를 들어 너무 떨리다 보니 면접관이 한 말이 귀에 들어오지 않았거나, 속도가 빨라 다 듣지 못해 어떤 말로 답을 해야 할지 모르는 상황이 오는 그런 때 말이다. 당황하다 보니 허공을 보며 동공 지진이 일어나 두 눈을 굴리게 되고, 답변이 매우 길어지다 보니 결국엔 면접관의 집중도가 흩어지게 된다. 그럼 질문의 요점도 모르고 의무적으로 대답하는 것처럼 들릴 수 있다. 이렇게 허둥지둥 흘려 보내는 시간만 따져 봐도 말 한마디를 더 하고 나올 수 있는 시간이니 아까울 뿐이다. 차라리 모름을 인정해 짧게 그 상황을 넘긴다거나, 대체 답변을 준비해 다른 이야기로 넘어가는 자세도 필요하다.

또, 모르는 질문과 애매모호한 부분이 있다고 해서 죄송하다고 끝냈다면 결국 결과는 안 좋게 나온다. 그렇다고 괜히 애써 답해 보려 발버둥 치다 보면 면접관은 내 현재 모습이 불안하고, 면접까지 오기엔 아직 부족하다고 판단할 수밖에 없다. 취준생을 위한 카페의 커뮤니티 공간에서 질문 받은 것에 답변을 못 하고 나와서 이번 면접은 실패했다고 한 당사자의 후기글을 우연히 읽은 적이 있는데, 1~2개 정도 못 한 것은 문제없다고 본다. 사람이라는 게 어떻게 완벽한 모습만 보일 수 있겠는가. 차라리 당황했으면 울먹이는 표정을 짓지 말고 웃기라도 해라. 면접관은 지원자가 적극적으로 대화하려는 모습을 원하니 웃으며 다음 질문을 받을 기회를 노리면 된다. 이러한 상황을 대처할 수 있는 예시 답변을 준비해 보았으니 참고해 보자.

예시 답변

준비해 온 질문이 갑자기 생각나지 않는 경우

1. 면접관님, 생각이 갑자기 나지 않습니다. 잠시 5초만 생각해 봐도 되겠습니까?

* 답변이 생각나지 않을 때는 우선 중단한다.

* 동문서답으로 답변할 경우 집중하지 않는 것으로 인식될 수 있다. 5초 생각할 때도 아무 소리 없이 가만히 있는 것보다는 분위기가 어색해지지 않도록 "음...." 소리를 내면서 고민하자.

준비하지 못한 질문이 나온 경우

2-1. 질문 주신 부분은 제가 미처 준비하지 못했습니다. 면접관님의 질문에 연관성 있는 내용으로 답변을 드리고자 하는데 양해를 구해도 되겠습니까?

* 면접관의 질문에 연관성 있다고 생각이 드는 부분을 말해 포기하지 않는 자세를 보여야 한다.

2-2. 질문 주신 부분은 다음에 다시 뵈었을 때 꼭 말씀드릴 수 있도록 오늘 돌아가는 길에 차근차근 생각해 보도록 하겠습니다. 죄송합니다.

* "다음에 만나 뵈었을 때 그 질문에 답변을 드리겠다."라는 진실한 마음을 전달해야 한다.

회사에 대한 질문이 나온 경우

3. 면접관님, 솔직하게 말씀드리면 그 부분까지는 미처 파악하지 못했습니다. 다만, 제가 눈여겨보고 있는 사업(지원한 기업의 현재 사업 분야, 추진 중인 사업 등)에 대해 말씀드리고, 평소 궁금했던 점을 이 자리에서 질문을 드리면서 궁금증을 해소해도 되겠습니까?

* 면접관만 지원자에게 질문하라는 법은 없다. 예의를 지켜 정중히 궁금했던 점을 물어보면 적극성도 높으며, 회사에 관심이 많은 지원자라고 생각하게 된다.

면접 준비를 하면서 도움이 되었던 유튜브 채널 소개

채널명	영상 주제
면접왕 이형	· 1분 자기소개 - 합격, 불합격 예시/절대 해서는 안 될 실수 등 · 상황형 압박 질문 - 답정너 질문 대처법/압박 면접 프리패스 공식 등 · Q&A 답변 - 면접관이 뽑고 싶은 지원자에게 하는 질문, 신입과 경력 등 · 3C4P 개념 - 성공 경험 재해석 기술 등
Get Job 컨설팅	· 면접관 분석 - 면접관이 좋아하는 답변/불합격을 결정짓는 이유 등 · 기업별 자소서 작성법 - 항목별 구분/PT 면접 예상 주제 선정 등 · 기업의 인재상 소개 · 공기업 채용 시장 - 정책 변화, 사업 분야 변경으로 변화하는 채용 시장 소개 등

PART 8

자기계발 시간 확보

01

직장인이여, 자기 계발을 통해 본인의 그릇을 키워라.

요즘 퇴근 후 스터디 카페에 가는데, 학생들만 자리 잡고 공부하는 게 아니더라. 다양한 연령층이 오피스 룩을 입고 노트북을 펴서 코딩 공부, 포토샵 연습, 인터넷 강의, 독서를 하고 있다. 그 모습을 보며 세상에 정말 무언가 배우려는 열정을 가득 지닌 사람, 열심히 사는 사람들이 많다는 것을 느끼며 열정이 더 솟구치게 된다.

자기 계발은 어쩌면 이제 직장인에게 선택이 아닌 필수 아닐까? 실제로 한 포털에서 직장인을 대상으로 조사한 결과 90% 이상이 정체되어 있다는 불안감을 해소하기 위해, 본인 스스로 만족감을 얻기 위해 자기 계발을 한다고 밝혔다. 어떠한 분야를 가장 많이 선택하는가 봤더니 업무 관련 자격증을 취득하는 게 1순위, 몸을 가꾸려고 하는 운동이 2순위, 회화 실력을 늘리기 위한 영어 공부가 3순위였다. 또, 본인을 진심으로 대하는 사람일수록 월 10만 원 미만 선에서 자기 계발을 위해 비용을 투자한다고 한다. 그래서 지은이는 여러분이 업무 능력 향상과 정신력 강화, 마음의 안정감, 스트레스 해소, 본인의 그릇을 키울 수 있는 이 자기 계발을 긍정적으로 생각해서 시간과 비용 투자는 아끼지 않았으면 한다. 적어도 스스로의 발전을 위해 하루 중 30분이라도 시간을 투자했으면 한다. 나를 위해 투자하는 이 시간은 피가 되고 살이 되는 시간이라는 것을 느꼈다. 문득 퇴근 후 누워 있지 않고, 저녁 약속을 나가지 않고 나를 위한 시간을 보내보자는 생각이 들었다. 현재는 힘들지만, 나중엔 '그때의 난 최선을 다했다. 수고했다. 나 자신.' 이렇게 남이 내게 해 주는 칭찬이 아닌 나 스스로에게 칭찬해주는 이런 소소한 상상도 해봤다. 경험을 가리지 않고 해 보니 세상엔 쓸데없는 경험이란 없다. 다양한 경험은 언젠가 다 쓰이더라. 그 시기가 언제일지 몰라 당장은 답답할 뿐이지만.

시간 이야기를 했으니, 비용으로 넘어가려 한다. 직장인은 보통 본인이 쓰임을 정해서 통장을 쪼개 둔다. 정해진 날 급여를 받자마자 쪼개 둔 통장으로 돈이 분산되는데, 보통 소비, 투자, 비상금으로 분산하지 않았을까 싶다. 자기 계발을 한다고 해서 무조건 돈을 들이라는 것은 아니지만, 본인의 소득을 고려하면서 어느 정도 수입 안정기에 들어서면 기존의 투자 통장에 자기 계발 비용을 포함했으면 좋겠다. 비용적으로는 잠시 아까울 수 있으나, 들인 비용과 함께하는 사람들 속에서 본인이 열정적으로 변하게 되면서 꼭 해내고야 말겠다는 의지가 생긴다. 어쩌면 우리는 자기 계발도 하며 의지를 구매하는 것이다.

여러분에게 직장인의 자기 계발 비용을 적극적으로 돕는 국가 지원 사업, 내일 배움 카드를 소개해 주고 싶다. 본인이 주로 거래하는 은행에 가서 카드를 발급받으면 1인당 200만 원, 최대 5년 동안 300만 원을 지원받아 배움을 위해 사용할 수 있다. 직업훈련포털 HRD-net 사이트를 통해 다양한 강좌(코딩, 바리스타, 회계, 심리)를 살펴보고 이 제도를 누렸으면 좋겠다.

02

고등학교 졸업 후에도
꾸준히 자기 계발에 시간을 쏟아라.

『졸업 후 저자가 이룬 것들』

1. 공모전 참가

링커리어 앱을 통해 공모전에 참여하였다. 생각보다 쉽게 참여할 수 있는 공모전과 이벤트가 많았고, 다양한 연령대가 참여하는 것을 보고 놀란 적도 있다. 그동안 정말 몰라서 참여를 못 한 거지, 관심이 있다면 계속해서 찾아 도전할 기회가 많았는데 뒤늦게 알아 아쉬울 뿐이다. 공모전 수상자를 한, 두 번 하다보니 욕심이 생겨 출퇴근 시간에 대중교통에서 핸드폰만 하다가 앱을 수시로 들어가 마음에 드는, 끌리는 공모전이나 이벤트가 있으면 저장해 뒀다가 준비했다. 도전은 했으나 좋은 경험으로 마무리된 것도 있고, 도전을 통해 얻은 값진 상들도 있다. 대부분 실패를 숨기고 성공을 더 빛내는데, 실패를 통해 분명 본인이 배운 것이 있을 것이고 그 실패 속에서 새로운 감정이 떠올랐을 것이라 본다. 어떤 행동 하나에 이 두 가지를 얻은 것만으로도 우리는 성공에 가까워진 것 아닐까? 어쨌든 내 노력, 시간, 감정, 생각을 담아 참여한 것인데 숨기지 않았으면 한다. 모든 것이 내 노력을 쏟아서 나온 결과물이고, 경험이라는 것은 되새기는 시간도 필요하다. 지은이가 졸업 후 공모전 분야에서 이룬 두 가지 결과물을 전체적으로 적어 보려 한다.

1) 도전으로 얻은 값진 상

대회명	나만의 내 나라 비대면 인생 여행지 추천 대회	
주최 기관	문화체육관광부 및 한국관광협회중앙회	
결과 및 혜택	결과	대상 1위
	혜택	한국관광협회중앙회 협회장상 수상 국민관광상품권 200만 원 수령 문화체육관광부 세종청사에 수상 사진 부착

나만의 내나라 비대면　　옥대봉 산자락에서　　표창장 대상 1위　　공모 선정 결과
인생 여행지 추천　　　　태극기를 휘날리다

나에게 있어 잊지 못할 안심 여행지

코로나19로 인해 답답한 요즘...

사랑하는 가족 내편과 함께

옛 교복을 입고

옥녀봉의 푸른 하늘과 넓은 강을 보며

과거의 추억을 회상해 보는 건 어떨까요?

공모전명	모람's 핸드메이드 사진 공모전	
주최 기관	모람플랫폼	
결과 및 혜택	결과	우수상
	혜택	상품권 수령

핸드메이드 제품.사진 공모전

핸드메이드 제품 사진 공모전

우수상 수상

버려질 뻔 했던 재료로 감성 조명 만들기

2) 도전은 했지만 좋은 경험

공모전명	주최 기관	제출일
충주 사과 4행시	충주시농업기술센터	20. 12. 21.
건양대학교 슬로건	건양대학교병원	21. 02. 01.
국립수목원 어린이 교육 공간 이름 짓기	국립수목원	21. 04. 28.
한강 노을 명소 찾기	서울특별시	22. 10. 31.
제3회 푸드 에세이 공모전	오뚜기	23. 04. 03.

한강 노을 명소 사진 공모전

건양대학교 슬로건 공모전

충주 사과 사행시 공모전

국립 수목원 어린이 교육 공간
이름 공모전

오뚜기 푸드 에세이 공모전

2. 맛집, 여행지, 소품샵 소개 블로그 운영 및 매월 수익 창출

비니스의 여행 기록: 네이버 블로그

[송리단길 카페] 귀엽고 쫄깃한 베이글과 미트파이가 맛있었던 킴스델리마켓

국내 맛집·카페 소개

[비니스 꿀팁] 집에 잠자고 있는 의류와 서적을 보내고 닥터주부 포인트로 교환하세요(의류 2000원 / 도서 3000원)

실생활 꿀팁 소개

[비니스 레시피] 1인분 등갈비감자조림 만들기(재료 썰고, 양념 풀고, 익히기 끝)

1인 가구를 위한 레시피 공유

[망원 소품샵] 혼자서도 가능한 망원동 소품샵 투어 루트 비니스만 따라만 오세요!! 웅크린선인장_비바쌀롱_포롱포롱 잡화점

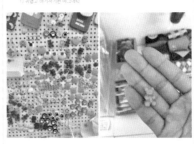

소품샵 투어 루트 소개

실제로 받은 협찬 제의 및 인플루언서 선정 내역

협찬 제의	인플루언서 선정
제휴마케팅_쿠팡 파트너스	카페_브릭샌드 삼청점
음식점_대림국수 동명점	카페_봉명동내커피 성북점
음식점_정성순대 창원지점	음식점_옛날짬뽕 1973 논산점
음식점_흥미식당	카페_라니스 티하우스
음식점_요리하는 남자 논산점	쇼핑몰_에이그리프 순살 간고등어

소통과 공감의 재미

한국체험단협회 수상

서울 맛집 분야_사장님의 친절함과 가성비가 흐르는 오마카세집으로 선정

올해의 블로거 3위 수상 기념 신물 기사 송출을 위한 온라인 인터뷰지

1. **간단한 자기소개 부탁드려요.**

   안녕하세요, 21살 금융회사 직장인 겸 대학생 비니스입니다.

   [채널명 : 비니스의 여행기록]은 소소한 일상 공유하는 기록지입니다.

   소품샵 투어, 이색 맛집, 조용한 카페를 너무 좋아해서 주로 맛집/꿀팁/1인분 레시피를 포스팅하고 있습니다.

2. **어떻게 한국체험단협회체험단창업스쿨을 알게 되었나요?**

   서울로 상경한 시골쥐입니다. 서울 거주 어느덧 1년이 되어가네요. 이곳저곳을 돌아다녔는데 독특하고 개성 뚜렷한 맛집과 카페가 넘쳐났습니다. 생각해 보면 제 일상에서 모든 정보(제품 하나 사기, 식사 메뉴 고르기 등)는 블로그를 통해서 얻더라고요. 블로그를 시작하며 이웃분이 아침 소통인사와 협찬글, 무료 E-book 신청 이벤트를 한체협에서 활발히 하시는 것을 보고 알게 되었습니다.

3. **올해의 블로거 대상 서울맛집분야에 참여하게 된 계기는 무엇인가요?**

   블로그 운영 중 올해의 블로거(서울맛집분야)를 선발한다는 메일을 받고 참여하게 되었습니다. 전체 글을 읽으며 너무 좋은 취지라 생각 들었던 게 450명의 투표자를 우선 선정 후, 10명에게 다양한 혜택을 제공하더라고요. 참여 메일을 받으니 뿌듯하면서도 제가 가지고 있는 정보와 지식을 공유하고, 나누고 싶었습니다. 코로나 이후 소상공인분들이 어려움을 겪으신다 들었습니다. 제가 직접 맛보고 작성한 글로 인해 식당 사장님들에게도 좋은 영향을 끼쳐 매출이 높아지는 효과를 기대해봅니다.

4. **수상하신 블로그 포스팅을 선정하신 이유가 무엇인가요?**

   아끼는 언니가 한 명 있습니다. 어느 날부터 오마카세 투어를 다니며 그날 먹은 음식을 SNS에 사진 한 장으로 합쳐 올리더라고요. 여러 개의 게시물을 보고 나니, 언젠가 꼭 먹어야겠다 생각을 했습니다. 언니가 오마카세 투어를 다니며 가장 극찬한 곳이 이번에 수상한 『목동 스시히타』였습니다. 제가 먹을 복이 있는지, 예약취소 자리가 생겨 맛보게 되었습니다. 이제껏 먹은 스시 중 최고였고, 재료의 찰기와 풍미는 아직도 잊지 못합니다. 셰프님께서 식사 내내 하셨던 말씀 중 "입에 넣어 맛없다 느껴지는 것은 손님에게 내어주지 않아요."라는 정성 느껴지는 말이 가장 기억에 남습니다. 곧 연말이 다가오는데요, 맛도 좋고 대접받는 느낌을 받으며 식사 가능한 곳을 이웃분에게 공유하자는 생각에 선정하게 되었습니다.

5. **이번 블로거 대상 서울맛집분야를 통해 어떤 점을 느끼셨는지 소감을 말씀해주세요.**

   투표자가 선정되자마자 450명의 블로그를 들어가 구경했습니다. 사람의 입맛과 취향이 재 각 각인 것처럼 포스팅 방식과 디자인도 블로거마다 다르다는 것을 느꼈어요. 주변에서 블로그 장점 하나를 알려 달라 하면 저는 소통하는 재미가 쏠쏠하다고 말씀드리고 싶어요. 제 블로그를 시간 내어 방문 주시고, 꾸준한 소통과 관심을 보내주시는 잇님들께 다시금 감사 인사드립니다. 3등 수상으로 이번 연말은 기억에 오래 남을 것 같습니다.

6. **마지막으로 어떤 블로그의 방향성을 추구하시며 사람들에게 전하고 싶은 말이 있다면 무엇인가요?**

   과거에는 정보를 얻기 위해 블로그 글을 구경했다면, 이제는 블로그를 운영하고 포스팅하는 입장에 섰습니다. 감사하게도 제 블로그 게시물에 좋은 댓글이 가득 달립니다. 가끔은 이런 점이 조금 더 채워졌으면 좋겠다 등의 피드백 댓글이 달린다면 블로그 운영하시는 분들에게 큰 힘이 되리라고 생각합니다.

고등학교 졸업 후에도 꾸준히 자기 계발에 시간을 쏟아라.　　163

3. 자격증 취득 및 직무 관련 교육 이수

자격 취득

- 한국생산성본부_SMAT 서비스 경영 능력 1급
- 금융투자협회_펀드투자권유대행인

직무 관련 교육 이수

- 환경부_층간 소음 예방 교육
- 금융투자교육원_펀드 투자 권유 교육

4. 근로복지공단 제6기 고용보험, 산재보험 가입 발굴단 참여

주요 활동

- 고용보험, 산재보험 미가입 사업장 확인 및 신고
- 두루누리 사회보험료 지원 사업 및 근로복지공단 사업 관련 콘텐츠 검토

성과

- 활동 우수자 선정으로 포상금 수령
- 1365 자원봉사 포털 실적 인정

근로복지공단 2021년 고용·산재보험 가입발굴단원 위촉

활동 일지 작성 및 제출

PART 9

최종 합격과 입사

01

●열아홉 최고의 생일 선물은 최종 합격 메시지였다.

열아홉이 되는 해를 맞이하는 학생들에게 최고의 선물은 최종 합격 메시지 아닐까 싶다. 취업 준비 초반, 합격 조회 버튼 누르기까지 1분도 안 걸리는데, 그 버튼을 눌러 결과를 확인하기 위해 컴퓨터 앞에서 10분은 고민했다. 누를까…. 누르지 말까…. 아, 누르면 안 돼…. 이렇게 최종 합격자 창을 누르는 데 수없이 고민했다. 이 창을 몇 번 누르다 보니 손이 익숙해졌다. 이미 결과는 나와 버렸으니 그 결과는 뒤집을 수 없다는 정리가 확실해졌다. 이후부터 시간 낭비 없이 결과를 인정하고 곧장 조회 버튼을 누르기로 했다.

11월은 내 생일이다. 웬걸, 생일날 맞춰 그토록 가고 싶어 했던 한국수자원공사의 "최종 합격을 진심으로 축하드립니다."라는 문구를 눈으로 직접 확인하게 되었다. 너무 당황한 탓일까? 이 좋은 순간을 매일 상상만으로 꿈을 꾸다 드디어 현실로 이뤄졌는데, 심장이 부르르 떨리면서 목소리도 나오지 않았다. 합격 소식을 곧장 알리는 것보다 출근 가능한지 회신을 달라는 문구가 머릿속을 맴돌았다. 무조건 출근할 수 있다며 연락을 드려야 했기 때문이다. 그 통화를 마친 후 조용한 운동장으로 곧장 달려가서 부모님에게 전화로 말씀드렸더니, 이번 합격은 내게 최고의 생일 선물이라 해 주셨다.

취업으로 최종 합격이라는 말을 듣는 걸 성공한 나는 요즘 들어 인생에서 최종이라는 말은 없다고 생각한다. 사후 세계가 있다고 믿는 난, 생을 마감해서도 바쁘게 살아갈 것이라 상상한 적도 있다. 그래서 매 순간을 최종이라고 생각하며 하고 싶은 것이 떠오를 때마다 하나씩 이뤄 가고 싶고 꼭 이루려 노력하는 중이다. 그러다 보면 최종이라는 종착지에 서 있지 않을까…. 영화나 드라마에서 끝이 애매모호하게 끝나는 걸 보면, 인생도 계속 살아가면서 자신에 대해 꾸준히 고민하라는 시간을 주는 것 같고, 인생에 끝이 없음을 암시해 주는 것 같았다. 그렇다면 커리어의 최종은 어디일까?

길에서 인터뷰를 하는 채널이 하나 있는데, 맨날 시민에게 묻는다. "이곳에 다니시는 이유가 뭐예요?"라고 물으면 "살아가려 일하죠. 이유가 있나요." 이렇게 답한다. 어쩌면 '어떤 일이 내 커리어를 쌓는 데 도움이 될까?' 이 고민보다 '진짜로 내가 좋아하고 잘해서 빠져드는 직업이 무엇일까?'를 생각해 봐야 한다. 지금의 회사에서 일만 계속해서 배운 채 본인과 맞지 않는 분야에서 계속해서 일한다면 시간이 낭비될 것이다. 모든 슬픔과 고난의 시기를 겪었지만 모든 것을 다 던져 뜨겁게 활동했던 때는 인생에 있어 잊을 수 없는 순간이다. 우리는 이 순간을 찾기 위해 종착지를 향해서 달려 보자.

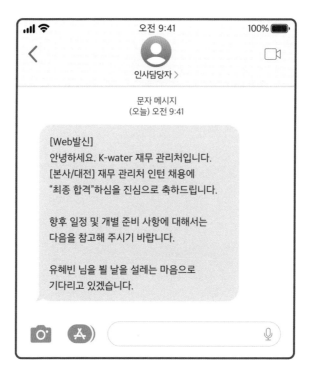

02

인턴은 인생의 터닝 포인트이다.

인턴 2행시를 인생의 터닝 포인트라고 지었다. 여기서 터닝 포인트란 어떤 한 계기로 인생이 바뀔 수도 있는 중요한 순간을 말한다. 우리는 학교를 졸업하자마자 회사에 입사하게 되는데 사회생활 시작과 동시에 직장인이 된다. 그렇다 보니 모든 게 어렵고 무엇부터 해야 할지 고민을 하게 된다. 첫 직장을 언제까지 다닐지는 '내가 이 회사에 다니면서 새롭고 다양한일을 배울 수 있는 기회가 많이 있는가?'인데, 어쩌면 첫 직장에서 본인이맡은 일의 강도와 분야가 어떠한지에 따라 앞으로의 인생에서 일할 분야를확정 지을 수 있는 큰 터닝 포인트가 될 수 있다고 생각한다.

인턴으로 합격하면 기본적으로 앞으로 맡을 업무와 회사의 분위기도 동시에 파악하게 되는데, 여기서 어떻게 행동하느냐에 따라 본인의 위치가더 높아질 것이라 본다. 압박 질문으로 상사가 부당한 지시를 내리면 본인은 어떻게 대처할 것이냐는 질문이 떠오른다. 권력 남용, 법적으로 위배 되는 행위를 하지 않는 한, 일하는 법을 스스로 터득하게 해 주시기 위해서,회사 내에서 사용하는 시스템에 빨리 적응했으면 하는 마음에서 관련 지시를 주시는 것 아닐까? 우리는 이 마음가짐을 가져야 하며, 상사도 인턴에게무언가를 지시할 때 예의를 갖춰 주셔야 한다고 생각한다. 이게 배려이고,조직을 위해 필요한 자세이다.

부모님이 인턴, 신입 때는 발이 보이지 않는다고 하셨다. 첫 인턴 때는 주변의 부족한 용지를 보충하고, 옆 대리님이 자료를 준비하시면 도와드리며 업무에 대한 지식을 하나라도 얻으려 사소한 부분까지 노력을 기울였다. 세상에 공짜는 없듯 상사는 처음부터 모든 업무를 알려 주지 않는다. 그렇게 정보 하나라도 얻으려고 주변을 왔다 갔다 하였고, 퇴근 후 집에 오면 다리가 퉁퉁 부어 마사지를 자주 하기도 했다. 상사가 처음부터 모든 업무를 알려 주시면 좋겠지만, 세상에 공짜는 없다. 맛집의 노하우를 알기까지 매일 찾아가 8년이 지난 뒤에야 비법을 배운 사람이 있듯이 말이다. 지금의 위치에 오기까지 많은 노력을 기울이셨을 거고, 본인 업무도 바쁘기에 배우고 싶은 자가 일어나 먼저 다가가야 한다. 그래야 본인이 맡은 업무 그 외의 분야도 할 수 있는 기회가 생긴다.

어느 정도 적응하여 분위기 파악까지 마쳤다면 작성된 자료도 살펴보고, 추진하는 사업이 무엇인지 살펴보아라. 보통 직장인의 휴식, 정비 시간은 보통 3~4시이다. 지은이는 이 시간 때를 노려 일을 하다 의문이 생기는 부분을 여러 번 묻지 않고 한 번에 다 기록해 뒀다가 바쁘시지 않을 때 알려 달라는 식으로 도움을 청했다. 신입은 회사 내에서 모든 눈치를 본다. 알려 달라고, 도움을 달라고 해서 혼날까 걱정하는데, 오히려 적극적으로 알려 주시며 또 궁금한 거 있으면 말하라고 하신다.

그 덕분에 중요한 행사, 회의가 있으면 "혜빈 씨도 참석해서 같이 배워요. 같이 다녀오시죠." 이렇게 말을 해 주셔서 너무 감사할 따름이었다. 그렇게 적극성을 보여 밑층에 있는 타 부서와 협업해 사업도 같이 추진해 간 경험이 있다. 일을 배우며 느낀 건 업무 상황에서 우리는 타 부서와 함께 협업해서 일하기도 하고, 협조를 구할 순간들이 예측 없이 찾아온다. 당장 회사 내에서 한 사람이 자리를 비워도 그 빈자리가 허전한 느낌이 들지 않도록 그 일을 나도 할 수 있게끔 능력을 다방면으로 가져 보고, 다양한 사람들과 어울리려 노력을 해 보자.

Q) 최종 합격 메시지를 두 눈으로 확인한 후 하고 싶은 것은 무엇인가요?

03

내 생애 처음 펀드 운용사에 입사할 기회가 생겼다.

환경 관련 업무를 하며 슬럼프가 찾아왔다. 나에게 계속해서 묻고 물었다. '너는 지금 하고 있는 일이 적성에 맞니? 전문성을 키울 수 있을 것 같아?' 이렇게 질문을 해서 돌아오는 답은 '모르겠어. 아니.'였다. 이렇게 약 1달의 슬럼프 기간을 거치다 펀드 운용사에 입사할 기회가 생겼다. 고등학교 때 학과가 금융과이기도 하고, 은행권을 준비한 적이 있어 도전을 했다.

자소서를 작성하여 1차 면접을 통과하고, 2차 면접일이 잡혔다. 모르는 번호로 전화가 와서 받았는데 1차 전형에 합격해 2차 때 한 번 더 보자는 연락을 주셨다. 면접이라는 게 대부분 1차, 2차 전형까지 있는데 합격할지 불합격할지 가늠이 가질 않아 매 순간 최선을 다해야 한다. 결국 1차는 합격했고 2차가 남았는데, 그렇다 해서 3차는 없었다. 이번 채용에서는 마지막 기회가 남은 것이다. 우리는 선택을 할 때 지나간 기회는 잡을 수 없다는 이 사실을 알면서도 끝없이 고민하고 그 선택을 최종적으로 결정지었음에도 불구하고 또 고민하게 되어 있다. 합격하면 새로운 분야를 배우는 데 어렵고, 적응하는 기간이 길다 보니 걱정을 많이 한 건 맞다. 그러나 마음이 바뀌기 전에 펀드 운용사로 근무할 기회가 또 언제 나타날지 모른다는 생각부터 하게 되었다.

이 회사에 입사하고 싶다는 뭔가를 보여 주고 오겠다며 중학교 때 이후 처음으로 인쇄 가능한 집 앞 피시방을 찾아 그곳으로 갔다. 당시 노트북을 본가에 놓고 와서 피시방까지 가게 될 줄은 몰랐다. 퇴근 후 내가 살아온 과정, 취득한 자격증, 다양한 경험을 담아낸 포트폴리오를 만드는데, 시계는 점점 새벽을 가리키지만 당장 다음 날이라 그런지 긴장된 마음에 피곤한 줄 몰랐다. 그렇게 집으로 돌아와 잘 준비를 마치고 다음 날 아침이 되었다.

심사위원분들에게 자료를 한 부씩 나눠 드리는데 감동을 하신 얼굴이 기억에 남아 있고, 이 노력을 좋게 봐주시니 감사했다. 그렇게 합격을 해서, 이직을 성공했고, 긴 적응기를 거쳤다. 어느 날 회사 대표님과 점심 식사 자리를 갖는데 그때 그 포트폴리오를 아직도 보관 중이라는 말씀이 떠올라 표현은 못 해 드렸지만 뿌듯하여 이렇게 적어 본다.

펀드 운용사에 입사해 운용팀의 열정, 회사 식구 모두 각자의 성격은 다르지만 때로는 힘을 합칠 일이 있을 때 재빠르게 합쳐 성과를 내고, 투자 기업의 가치를 증대하는 의미 있는 일을 하고, 외부 출장과 미팅을 통해 산업 트렌드를 빠르게 파악하여 가치를 창출하고 있는 이 회사에 내가 다닌다는 것을 자랑스럽게 여기는 중이다.

평소 아버지처럼 잘 챙겨 주시고, 따스하게 대해주시는 대표님, 힘든 일과 어려운 일이 생기면 편하게 말해달라 선뜻 말씀 주시는 상무님, 외부 일정이 많음에도 불구하고 늘 웃으며 일하시는 이사님, 메일로 (협조)요청을 드리면 빠르게 컨펌 주시는 팀장님, 언제나 웃으며 인사 해주시는 실장님, 가끔 숙제를 쥐여 주셔 내가 새로운 일을 스스로 배울 수 있게끔 해 주시는 차장·과장님이 계신다. 저자가 성장할 기회는 주어지고 있는데, 아직 한 가지 어려운 건 새로운 일을 더 배우고 싶은데 어떻게 해야 할지 방법을 모르겠다. 그래서 요즘은 금융 지식부터 더 쌓는 게 우선이라 생각하며 공부하고, 새로운 일을 배우게 되면 반복해서 내 것으로 만드는 중이다.

친구들은 내게 이직한 회사에서 어떤 일을 맡았는지 가끔 묻는다. 환경

쪽 분야의 일을 하다 이제 금융 쪽 일을 하다 보니 적응의 시간이 좀 많이 필요했다. 입사 후 6개월간 일을 하는데 기초적인 상식이 필요해서 자격증을 취득하고, 모르는 용어는 관련 서적을 찾아 읽어 보기도 했고, 각 실무자분께 모르는 건 즉시 물어보며 덕분에 긴 적응기를 거칠 수 있었다. 이제는 내 업무 영역이 파악되어 회사에서 맡은 업무가 무엇인지 설명해 줄 수 있다.

내 생애 처음 펀드 운용사에 입사할 기회가 생겼다.

04

인턴 기간 우리의 자세

모를 땐 우선 배우기

회사 일이 모든 게 처음이기에 서툴고 모르는 게 당연하다. 배울 자세가 갖춰진 사람에게 일을 주고, 더 많은 것을 요구한다. 인턴 근무를 앞두고 있거나, 입사를 위해 준비를 하는 자는 우선 뭐든지 해 나가 보려는 자세를 갖추자. 이 배움이 나를 성장시킬 기회이다.

학교는 선생님이 있어 수업을 듣고 배울 수 있지만, 회사는 선생님이 없다. 회사 내 윗분에게 다가가 눈으로 보고 들으며 배워야 한다. 다만, 부서를 대표하는 상사에게 묻기는 부담스러우니 본인 자리 근처에 있는 선배에게 다가가는 것도 좋다. 인턴 기간에는 서로 알아 가는 단계이고, 언제 물어봐야 할지 눈치를 보기도 하니 아래처럼 했으면 좋겠다.

1) 직접 다가가 말로 질문하는 걸 선호하거나, 사내 메신저로 대화하는 걸 선호하는 경우

"제가 궁금한 게 있습니다. 시간은 언제 괜찮으실까요?

바쁘시다면 메신저로 해도 좋습니다.

아니면 제가 회의 장소 따로 마련해 두겠습니다."

이렇게 말하면 상사 본인을 배려한다는 마음이 들면서 일을 적극적으로 배우고 싶다는 자세를 갖췄다는 생각에 본인이 질문한 것 외의 것까지 알려 주신다.

2) 인터넷에 검색하여 알 수 있는 경우

기본적인 질문까지 매번 물어보기에는 한계가 있다. 상사에게 물어보기 전 본인이 인터넷으로 해결 가능한 선인지 파악하는 것이 중요하다.

● **배운다는 건 이렇게 정의할 수 있다.**

- 관찰하는 것.
- 궁금한 내용을 숨기지 않고 물어보는 것.
- 알려주는 내용을 듣는 것.
  (이해가 가지 않는다면 반복해 들어보기)
- 배운 내용을 혼자서 따라해 보는 것.
- 배움은 끝이 없고 배우려 하는 당신의 모습이 아름다워 보인다는 것.

일찍 출근하여 사무실 주변 정돈하기

앱스토어에 직장인을 위한 앱이 있다. 그 앱에는 소통할 수 있는 창이 하나 있는데 매일 아침 확인해 보면 1위가 출근 시간 논쟁이다. 이게 굳이 논쟁거리일 필요는 없다. 자신의 업무 상황에 맞춰 적당한 출근 시간을 찾는 게 맞다고 본다. 보통 연차별로 출근 시간이 다른데, 인턴의 경우 30분 정도가 적당하다. 30분 일찍 도착해서 가만히 앉아만 있는 것인가? 그건 아니다. 면접 때와 같이 정해진 시간보다 10~30분 정도는 일찍 자리 잡고 앉아 일할 환경을 조성해야 한다.

인턴 기간에 난 사무실 옆 창문을 열어 공기도 환기하고, 하루 동안 앉아 있을 책상을 물티슈로 닦으며 정돈하고, 개인적으로 마실 음료도 타서 자리에 앉았다. 일찍 도착해서 자리 잡고 있으면 좋은 점이 사무실이 고요하고, 창문을 열 때의 공기가 매번 다르다는 것을 느낄 수 있다. 공기가 상쾌한 날도 있고, 비가 보슬보슬 내리는 날도 있고, 황사 때문에 뿌연 날도 있다. 이렇게 날씨 체크를 해 주면서 자리로 돌아오면 고요한 분위기 속에서 오늘 해야 할 업무를 정리할 시간이 생기며 오늘 하루가 여유롭게 느껴져 너무 좋다.

개인적으로 은행 업무를 해결하기 위해 오후 반차를 낸 적이 있었다. 인턴 기간인데 일찍 업무를 마치고 퇴근했다는 생각이 들어, 다음 날 8시에 출근해 자리에 앉아 새로 찬 메일함을 하나씩 확인했다. 한 분씩 출근하기 시작하면서 대리님 한 분이 왜 이렇게 일찍 출근했냐고 질문을 주셨고, 나는 거기에 "어제 일찍 퇴근해서 죄송해서요."라는 말을 전했다. 그러자 모든 분이 "요즘 이런 생각을 하기 쉽지 않은데, 대박이다~~"라고 하시며 나에 대해 이때부터 좋은 인상을 가지기 시작하셨다. 이렇게 사소한 행동이 추후 인사에 좋게 반영된다는 것을 느낀 하루였다.

회사에서 쓰이는 용어 몇 가지

이메일에서 쓰이는 용어

RE	회신(받은 메일에 답하다.)
FW	For Word의 약자로 상대에게 받은 메일을 (본인에게) 전달한다는 의미.
CC	메일 체인에서 보내는 사람 아랫줄을 보면 참조란이 있다. (CC 넣어서 보내라 하면 참조란에 해당 메일을 입력하면 된다.)
FYI	해당 내용을 참고하라는 의미.

자주 쓰이는 업무용 영어

팔로업 **(Follow UP)**	중요한 업무를 담당하라는 지시. 원래의 업무를 계속해서 이어 나가면 된다.
컨펌 **(Confirm)**	상사에게 보고, 확인을 받다. 진행을 이대로 하면 될지, 추가적인 피드백이 필요한지, 확인 절차.
크로스 체크 **(Cross Check)**	겹치는 내용은 없는지, 빼놓은 서류는 없는지, 문서를 대조하든지 오류를 줄이기 위한 과정으로 다시 한번 체크하면 된다.
ASAP	가능한, 최대한 빨리.
N/A	해당 사항이 없을 때 표시.
TBD	추후에 결정한다는 의미.

PART 10

저자가 바라본 사회

01

본인이 하고 싶은 진짜 취미를 찾아야 한다.

취미는 스스로가 좋아서 즐기는 것이니, 스트레스를 받아 가면서까지 하는 것은 취미 생활이라 여길 수 없다. 또한, 취미 생활의 종류는 다양하고 제한이 없는데 운동, 여행, 영화 감상같이 다들 너무 틀에 박힌 것만을 하는 행위로 인식하고 있다. 아무것도 하지 않고 명상을 하는 것도 포함이 되고, 잠들기 전 맥주 한 캔을 마시며 TV 영상을 보는 것도 마찬가지다.

어떻게 보면 취미 생활은 취업을 하며 자소서나 면접에서 먼저 보게 되는 단어다. 인터넷 검색창에 취미까지만 쳐도 취미 추천, 취미 기준이 뜬다. 관련 내용이 꽤 많이 뜨는 걸 봐서는 많이들 직장인이 되어서 자소서나 면접 때 말하는 취미가 아닌 본인이 흥미를 가지고 꾸준히 하고 싶은 진짜 취미를 찾는 데 여러 시도도 해 보면서 고민하는 것 같다.

평소의 생활을 되짚어 회사에서 본업을 위해 할애하는 시간이 아닌 그 외 본인만의 시간이 필요하다. 취미 생활을 가져야 하는 이유는 일상에서 생긴 많은 양의 스트레스, 혼자서는 어려운 감정 조절을 없애 보기 위해서다. 대부분 자신을 어떻게 대해야 하는지 모른 채 살아가게 되는데 그 삶이 장기간 지속되면 인생이 무료해지거나, 스트레스를 풀 곳이 없어져 본인만 망가진다. 자신을 돌보는 힘이 곧 삶의 원천이라는 말과 같다.

사람마다 스트레스 해소법이 다 다른데 취미 생활도 없고, 아무것도 몰랐던 과거의 난 스트레스를 받는 족족 참으며 온몸에 누적했다. 그렇게 뾰족한 도구로 위를 긁는 듯한 느낌이 나는 위염을 앓게 되었고, 신경 써야 할 일이 생기면 입술 주변에 포진이 나서 약을 떨어지지 않게 구비해 두어야 한다. 하도 많이 발라서 아직도 그 아시클로버 연고를 달라고 약국에 가면 단번에 말할 수 있다. 스트레스를 장기간 방치하는 경우 몸에서 즉각 반응을 하거나, 탈진과 같이 병으로 이어진다. 이렇게 잘못된 방식 때문에 난 가끔 숨이 쉬어지지 않는 후유증이 생겼다.

사람들은 내게 한숨을 왜 그렇게 쉬냐고 한 번씩 묻는데, 이렇게 쉬지 않으면 숨이 안 쉬어져서 호흡곤란이 오거나, 호흡이 엇박자로 뛴다. 정말 답답할 땐 밖으로 나가 내 장기가 이 위치쯤에 있겠다 싶을 때까지 숨을 들이쉬고 한숨 쉬듯 푸욱 내쉰다. 그러면 조금 호흡이 괜찮아진다. 새로운 내가 되고 싶어 이제는 이어폰을 끼고 한강 벤치에 앉아 아무 생각 없이 경치를 보거나, 아기자기한 소품샵에 들러 이쁜 것들을 내 눈에 오랫동안 담고 온다. 이 시간을 보내며 내 안에 쌓인 것을 밖에 다 빼내고 온다. 난 취미라는 게 때로는 힘들어서 하기 싫다는 느낌을 받기보다 힐링을 한다는 느낌을 받기 위해 계속해서 하고 싶다는 마음이 들어야 진정한 취미라고 생각하게 되었다.

취미 생활의 효과는 무언가에 몰두하여 잠시 아무 생각을 하지 않게 되어 있고, 같은 취미 활동을 하는 사람들끼리 모임을 조성하여 사회 유대감을 향상시키기도 한다. 취미 생활을 하며 알게 된 지인 몇 명과 이야기를 나누면서 공통점을 찾을 수도 있고, 간혹 나와 성향이 안 맞을 수도 있지만, 사회에서 만나 인연을 맺으면 보통 대화의 주제도 맞아 오랫동안 만남을 이어 나가는 것 같다.

Q) 진정한 취미가 있나요?

힐링 받는 느낌이 들면서 꾸준히 하고 싶게 만드는 현재 취미를 적어보세요.

● 요즘 원데이 클래스를 체험하며 자신에게 맞는 취미 생활을 찾고, 즐기는 사람이 많아졌다.

[원데이 클래스 사이트 추천]

클래스 101	내가 찍은 사진으로 블루오션에서 부수입 만드는 법, 터프팅 소품 제작 등 (넷플릭스와 같은 구독권으로 다양한 클래스 수강 가능)
타임 티켓	나만의 칵테일 만들기, 가죽 공예, 뮤지컬, 연극 등 (타임 세일 시 2만원 이내 체험 가능)
움 클래스	발레수업, 탱고댄스, 한강에서 즐기는 카약 수업반 등 (하루 무료 체험권 제공)

02

이 시대의 트렌드를 깊게 파고들어라.

코로나19 이후 우리의 일상에 정말 많은 변화가 찾아왔다. 가장 눈에 띄는 건 인원수 제한으로 인한 격주 재택근무, 시간제한으로 인한 식료품 배달 서비스, 입국 제한으로 인한 유튜브 랜선 여행 브이로그 시청 등이 있다. 이 변화의 공통점은 사람들과의 접촉을 최소화하기 위해 모바일 기기를 사용한다는 것이다.

요즘 SNS 중독으로 관련 앱부터 삭제하라는 영상을 봤는데 지은이는 되려 SNS를 하며 많은 영감을 받았다. 뭐든지 어느 것 하나에 시간을 할애하면 낭비이지만, 적당한 시간 투자는 창의적 사고를 낸다고 본다. 핸드폰 하나로 모든 정보를 얻는 시대에 보통 하루에 1~2시간 정도는 여러 글을 보며 이 시대의 트렌드를 파고들자. 그리고 마음에 드는 사진과 글, 디자인이 있다면 무조건 스크린 캡처로 보관해서 이를 활용하자.

유튜브에서 비싼(외제) 차를 모는 사람들을 대상으로 인터뷰를 하는 채널이 생각났다. 그들은 회사 생활, 직장인으로 일하다가 본인이 좋아하는 것을 키워 억대 연봉의 사업가로 성공했다고 말한다. 우리도 언젠가 좋아하는 것을 키워 이들과 같이 성공할 때가 찾아올 거라 믿음을 가지자. 작가만 책을 낼 수 있다고 생각했던 내가 인터넷과 SNS로 트렌드를 파악하며 관문을 넓히었고, 지금 누군가에게 필요할지도 모를 이 책을 준비 중이니 말이다. 지은이는 주로 아래와 같은 채널을 팔로우하는데, 한 주제에 여러 채널이 있다 보니 1~2번 정도 눈여겨보다가 본인이 선호하는 스타일의 글이 뜨면 그때부터 그 채널을 팔로우하면 된다.

지은이가 주로 팔로우하는 주제

재테크하는 방법	정부 지원금 소개	공부 기록
자취생 집밥 레시피	맛집 소개	대외 활동(서포터즈)
인생 책 추천	취미 모임	개정된 시행 법령

Q) 평소 관심이 가는 인스타 주소를 적어보세요.

03

직장인에게 생명수는 어느덧 커피가 되었다.

프랑스의 황제 나폴레옹은 평소 커피를 좋아하는 것을 넘어서 사랑했다고 한다. 그분은 영양분은 없지만 마시면 힘이 나게 되는 검은색 물이라 표현하기도 했는데, 산업혁명이 일어나면서 사람들은 커피 없이 살 수 없을 정도로 좋아했다 한다.

내가 본격적으로 커피를 마시기 시작한 건 고등학생 때이다. 어르신들은 내가 커피 마시는 모습을 보시고 커피가 쓰다 보니 이 쓴 게 인생과 같다고 하신 기억이 난다. 에너지 음료를 마시면 심장이 너무 빠르게 뛰어 이를 대체하는 커피에 손을 대기 시작했다. 커피를 마시면 잠이 안 온다고 하던데 너무 피곤해서인지 효과는 나타나지 않지만 마음에 안정을 주고, 잠깐 동안 입 안에 쓴맛이 맴돌 때 잠을 깨워 주는 역할을 해 하루에 한 번은 빠지지 않고 꼭 마셨다.

한 사이트의 설문 조사 결과, 한국에서는 직장인이 커피를 가장 많이 섭취하는 것으로 나타났다. 대부분의 사람은 회사에 다니기 시작하면서 커피 맛을 알게 되는데, 직장인이 많은 지역을 가 보면 추운 겨울인데도 불구하고 아이스 아메리카노를 손에 들고 길을 걷는 모습이 보이고, 아침에 지하철역 근처 카페를 지나가면 창문 너머로 커피를 Take out하기 위해 대기하는 사람들로 바글바글한 모습을 볼 수 있다.

보통 커피 타임 첫 번째는 출근해서, 두 번째는 점심 먹은 후이다. 그렇다면 직장인은 어떤 효과 때문에 이 검은 물을 계속해서 마시는가? 우선 첫 번째는 아침에 물 대신 먹게 되는 생명수가 되었다. 의사들은 아침에 일어나 가장 먼저 물 한 컵을 마시는 게 보약을 넘어 생명수라고까지 표현한다. 이처럼 물 한 잔 마시기를 권장하지만, 피곤함이 몸에 축적된 사람은 아침에 몽롱했던 정신이 바짝 돌아올 수 있는 것을 원한다. 투명한 물 대신 요즘은 집에도 손쉽게 커피를 추출할 수 있는 커피 머신이 있다 보니 수분을 보충하는 건 이제 커피가 되었다. 두 번째는 커피를 마시면 각성 효과 때문에 일에 대한 집중도가 높아지는 효과가 나타나게 된다. 이렇게 직장인에게 생명수는 어느덧 커피로 바뀌면서 직원 복지에 카페테리아, 최상의 커피 제공을 포함하기 시작하였으며, 원두 종류도 점점 다양하게 채워지고 있는 추세이다.

커피를 계속해서 먹다 보니 잠을 자더라도 찌뿌둥하고 속이 계속해서 쓰리더라. 담배와 약물만 중독이 되는 게 아니라 커피도 마찬가지였다. 앞서 말한 효과들로 물처럼 마시다 보니 커피를 하루 물 섭취량 만큼 먹은 적도 있다. 중독이란 게 하루 아침에 벗어나기란 쉽지 않아 커피를 끊어야겠다는 극단적 선택보다 커피를 대체하는 음료를 찾아 줄이기로 했다. 하루 3~4잔 마시던 습관에서 현재는 약간의 씁쓸함과 고소함이 입 안에 맴도는 보리차를 마시며 하루 1잔, 3일에 1잔으로 섭취량을 많이 줄여 나간 내 자신이 대견하다. 카페에 가서 꼭 커피를 주문할 필요는 없으며 차, 음료를 주문해도 괜찮다는 사실을 알려주고 싶다.

04

이번 기회, 내 편이 되어 줘서 고마운 주위 사람들에게 전하고 싶다.

여행을 가서도, 잠깐 집 앞 커피숍을 가더라도 내 생각이 난다며 조그만 선물을 주는 지인이 부쩍 늘어났다. 진짜 인생을 살아가며 내 왼손과 오른손을 잡아 줄 사람, 그 두 명만 있어도 든든하고 행복을 얻을 수 있다고 생각하게 되었다.

취업이라는 것만 보고 놀고 싶은 것, 쉬고 싶은 것을 중단하며 끝없이 달리기만 하다가 성인이 되고 소중한 언니 한 명을 알게 되었다. 어떠한 문자 하나라도 보내면 곧바로 전화를 주며 언제든 맛있는 음식을 들고 찾아와 대화를 나누고 들어 준다. 사람은 칭찬에 약한 게 정상인데 난 보기보다 더 약했다. 칭찬 듣는 걸 좋아하고 칭찬을 받으면 더 열심히 하려는 욕구가 생긴다는 걸 처음 알았다. 이때부터인가 내 마음에 안정이 찾아왔다. 만나면 안녕이라는 인사가 아닌 잘 지냈냐는 말로 안부를 묻기 시작해서 내가 하는 모든 말과 행동을 응원하고 칭찬해 준다. 내 주변에 좋은 사람이 있다는 건 참 소중하고 중요한 존재라는 생각은 변함이 없다.

내가 좋아하는 사람에게 어느 순간부터 '내 편~~ 내 사랑~~'이라고 부르기 시작했고, 표현이라면 부끄럽다고만 생각했던 내가 사소한 것까지 표현하는 사람이 되었다. 그 언니를 보면 '더 열심히 살아야지. 더 표현해야

지. 좋은 건 함께해야지.' 이렇게 긍정적인 생각들과 힘이 생겨나는 내 모습을 본다. 이 영향력을 받아 일상에서 소소한 행복이 하나 생겼다. 평소 맛있다고 생각한 음식점에 데려가면 한 입 맛보더니 내 눈을 바라보고 눈을 동그랗게 뜨며, "우와~ 진짜 맛있다. 좋은 곳 데려와 줘서 고마워." 이렇게 표현해 준다. 이 한마디 말이 이 정도까지 좋은지 몰랐는데, 행복은 별거 없다는 말이 이럴 때 쓰이는 것 같다. 요즘은 뭐 별걱정 없이 소소한 대화를 나누는 시간이 소중하고, 맛있는 음식이 보이면 그 맛을 함께 공유하고, 사소한 것 하나에 웃고, 귀여운 소품이 보이면 선물하여 내 주변 사람들에게도 소중한 마음씨를 전달하며 살아가는 중이다.

나에게 이런 좋은 점을 깨닫게 해 주는 사람, 힘이 들면 한 번씩 쉬어 가도 괜찮다고 말해 주는 사람들 덕분에 내 사람을 오히려 더 챙길 수 있는 시간이 많아졌고, 이 책을 읽는 여러분도 주변 사람에게 긍정적인 영향을 주고, 때로는 내 편과 내 사랑들이 잘되라는 마음에서 피드백과 충고도 해 주는 포근하고 따뜻한 사람이 되었으면 좋겠다.

이런 사람은 제발 놓치지 말자. 너와 평생을 함께할 사람이니까.

- 겸손한 마음으로 베풀고 더 발전하려 하는 사람.
- 타인의 이야기를 잘 들어 주고 조언을 해 주는 사람.
- 갈등이 생기면 회피하지 않고 대화로 푸는 사람.
- 나의 가치관, 결정을 존중해 주는 사람.
- 본인의 일에 열정을 가지고 일하는 사람.
- 힘들다는 말을 꺼냈을 때 곧바로 달려와 주는 사람.
- 약속은 신뢰! 상대와 약속을 잘 지키는 사람.

이런 사람은 뒤돌아보지 않고 놓아라. 너의 시간과 감정만 낭비될 뿐.

- 다 필요 없어! 내 말이 다 맞아. 나밖에 모르는 사람.
- 매사에 부정적인 사람. 명심해라. 나까지 부정적인 사람이 될 수 있다.
- 약속 장소에 나타나지 않고, 시간이 지나서야 못 만나겠다고 연락하는 사람.
- 본인이 아쉽고, 필요할 때만 찾는 사람.
- 내 앞에서는 내 편인 척, 뒤에서는 내 지인에게 내 험담을 하는 사람.
- 내가 싫어하는 행동을 자주 하는 사람.
- 예의와 배려, 기본적인 매너가 없는 사람.

이번 기회, 내 편이 되어 줘서 고마운 주위 사람들에게 전하고 싶다.

05

본인 스스로를 재촉해 성공하라.

학교를 졸업 후 직장에 들어가면 하루가 순조롭게 끝날 줄만 알았다. 하지만, 계속해서 자기 계발을 해야 하고, 업무를 배우고, 새로운 사람도 사귀고, 각기 성향이 다른 사람들과 맞춰 나가며 일을 배우고, 인생 살아가는 법도 배워야 하더라. 직장인의 하루 패턴은 출근, 점심, 퇴근, 약속 or 저녁, 취침 이렇게 규칙적일 거라 생각한다. 이 규칙적인 패턴 속에서 요즘 들어 갓생 살기, 미라클 모닝이라는 프로젝트도 하던데 이렇게 부지런히 살기 위해 노력하는 사람들을 보면 더 열심히 살아야겠다고 다짐하게 된다.

현재 직장과 대학을 병행하며 블로그 운영, 책 쓰기, 자격증 취득, 공모전 참가를 해 오고 있다. 뭔가 많아 보이지만 이 모든 것을 하루에 다 하지는 못한다. 한정적인 시간 때문에 어느 것 하나를 미루거나 퇴근하고 너무 힘든 날은 시간이 없다는 말들로 핑계를 대고 못 한 적이 있다. 그렇게 잠깐은 달콤했지만 내일의 내가 후회를 했다. 이렇게 하고 싶은 것 다 하면서 모든 걸 얻을 순 없는 게 현실이니 내 마음을 추스리는 긴 시간을 보냈고, 스스로 재촉하려 여러 시도를 해보며 딱 맞는 방법 하나를 찾았다.

정신없고 바쁜 하루였지만 퇴근 후 샤워를 하면 긴장의 끈을 놓게 되니 집으로 곧장 가지 않고, 스터디 카페로 향했다. 스터디 카페가 공부하기 최적의 장소인 이유는 나이를 불문하고 주변 사람들이 너무 집중을 해 얼굴과 책상이 맞닿는 모습을 본다는 것이다. 공부하는 환경을 만들어야 더 열정적으로 한다는 게 맞는 말이다. 그 모습을 보면 더 열심히 할 수밖에 없다. 그렇게 스터디 카페에 다니면서 또 느낀 건 편안한 잠옷이 아닌 갖춰진 옷을 입어야 정신 줄을 꽉 붙잡게 되더라. 불편한 옷을 입어야 긴장하고, 지금 내가 어떤 목표를 가지고 지금 이 자리에 앉아 있는지를 알게 되었다. 이렇게 오후 7시부터 시작하면 보통 11시 30분까지 집중하다 공부한 내용을 정리하고 개운한 마음으로 집에 온다. 짧은 시간 동안 집중해서 결과물을 내다 보니 처음엔 하루 4시간권을 결제해서 일일권으로 다녔는데, 이 방법이 맞았는지 아예 기간권을 끊어 버렸다. 어쩌면 스터디카페 이용권이 내 자기 계발 비용에 포함이 된다.

이렇게 해야 할 일을 미루지 않고 시간을 잘 쪼개다 보니 자연스레 규칙이 하나 생겼다. 평일에는 공부하는 데 시간을 다 쏟고, 주말에는 온전히 나를 위해 시간을 보내는데, 주말에 무엇을 하든 내게 뭐라 하지 않고 그 순간을 행복하게 즐기기로 했다. 금요일은 퇴근 후 본가에 내려가는 날이다. 내 진짜 주말은 금요일부터 시작인데 일 끝나고 본가를 가기 위해 대중교통 안에서만 3시간을 보내야 한다는 게 참 아까웠다. 힘들게 얻은 주말이고, 평일 동안 고생해서 얻은 자유 시간이라 그런지 소소한 행복을 즐길 시간이 곧 오기 때문에 더 설레어 소중히 여기게 되었다.

보통 기차를 타면 잠자는 편인데 컨디션이 좋지 않은 날을 제외하고는 빨리 본가에 도착해 시간을 보내기 위해 환승을 2번하는 기차를 타고 내려온다. 그 환승 기차의 앉을 자리가 없어 서서 올 때도 있고, 잠을 자지 않거나 덜 자야 한다는 불편함이 있지만 1시간 30분 만에 도착하니 내 시간이 더 많이 확보된다는 것만 바라보고 힘듦, 불편함 따위 생각하지 않고 예매한다. 이렇게 본가에 도착하면 금요일부터 일요일 저녁까지 아무 걱정 없이 온전히 나를 위한 시간을 보내게 된다.

나도 사람인지라 가끔은 눈앞에 있는 해야 할 것들을 내려놓고 그냥 쭉 쉬고 싶은데, 어른이 되었기 때문에 이제 그럴 순 없다. 아직 내면에서는 어른이 될 준비가 되지 않아 밀어 내는 중인데 말이다.

　비 내리는 날이면 창문에 턱을 괴고 서서 생각하는 시간도 부쩍 많아졌다. 집 창문에서 아래를 바라보면 추적추적 촉촉이 도로가 적셔지며, 각자의 취향이 담긴 제각각의 우산이 보인다. 얼죽아를 고집하는 내가 비 오는 날이면 머그잔 위로 김이 올라오는 현상을 보기 위해 따뜻한 아메리카노를 마신다. 커피의 그 고소한 향, 숲길에 서 있는 듯한 비 냄새가 어우러져 내 후각을 자극한다. 어쩌다 보니 빗물이 떨어질 때 손을 내밀어 감촉을 느끼는 버릇도 생겼다. 이제는 자연과 하나가 된 느낌이다. 어릴 땐 비가 오면 옷이 젖어 찝찝하고 밖에 나가지 못하고 하늘이 온종일 어두우니 너무 싫었는데, 생각할 시간이 많아지고 이런 소소한 시간이 쌓여 삶이 여유로워져 좋다.

　앞으로 나는 어떤 생각을 할 것이며 인생의 방향은 어떤 식으로 잡혀 흘러갈지가 제일 기대된다. 내 선택들이 과연 옳을지, 계속된 궁금증을 가지고만 살아간다면 넘어지고 다시 일어서는 성장의 고통 없이 평생 어린아이로 살아갈 것만 같은 불안한 느낌이 들어 앞으로도 나 자신을 재촉해 부지런히 살아갈 것이며 성공하려 한다.

06

내 인생에 전성기가 찾아왔다.

엄마는 내게 인생에 한 번 전성기가 찾아오는데 그것은 본인이 만드는 거라고 하셨다. 전성기란 뜻은 인기가 많은 순간이 아닌, 내가 미치도록 무언가를 하고 싶고 열정적으로 배우고 싶은 욕구가 생겨서 잠도 겨우 들 만큼 바쁜 순간을 의미한다고 하셨다.

학생 때 그 말을 듣고 진짜 내 인생에 전성기가 찾아올까 잠시 상상하다 문득 인간의 생애 주기가 떠올랐다. 이 주기는 유아기→아동기→청년기→중년기→장년기→노년기로 이뤄져 있는데 분명 난 이 주기 속에 전성기와 황금기가 숨어 있을 것이라 본다. 기본적인 생애 주기 동안 이 두 주기를 끼워 넣을 시기를 찾아 스스로 이뤄 내는 것은 본인에게 달려 있고 본인의 몫이라는 생각은 변함없다. 여러분도 위 생애주기 중 전성기와 황금기가 본인에게 언제 찾아올지 궁금하고 설레지 않는가?

공기는 차갑고 뽀얀 색의 눈이 내리는 20살의 마지막이던 21년 연말, 나는 내 직업의 전문성을 더 키우고, 아직 내게 찾아오지 않은 많은 기회를 확보하고자 대학 진학에 확고한 마음이 생겼다. 네이버 검색창의 검색 기록을 살펴보니 대학, 대학교 순위, 학과 정하기 등으로 온통 대학 관련 정보였다. 그러다 지식인을 통해 댓글과 게시물도 살펴보았다. 주로 '졸업 후 학위 취득 방안?' '직장인인데 시간이 맞을까요?' 등이 있었다.

사실 난 일과 학업을 병행하며 자기 계발 시간이 남을지, 가장 놀고 싶은 시기에 너무 내 시간이 없어지는 건 아닌지 걱정이 되었지만, 어차피 나중에 대학에 꼭 가야 하는데, 지금의 직업을 더 전문성 있게 키우고 싶을 때 하는 것이 맞고, 일찍 졸업장을 받고 나중에 좀 더 시간을 여유 있게 보내는 것도 나쁘지 않다는 생각이 들었다.

그렇게 졸업까지 딱 4년 눈 감고 바쁘게 살아 보자며 곧바로 지원서 작성에 돌입하였다. 확고한 순간 곧바로 실행하는 것은 나만의 방식이다. 시대는 빠르게 변화하고 있다. 그래서 우리는 선택을 내리더라도 변화하는 상황에 맞춰 나가야 한다. 어느 정도 가능성이 보이거나 확고함이 있다면 바로 실행해 보자. 우물쭈물하다 보면 타이밍을 놓치게 되니 새롭게 바뀐 것에 대해 적응하는 시간도 필요하고 계획에 차질이 생긴다. 그러니 잘 알아본 후 빠르게 시작해 그 상황에 적응하고 기회를 잡는 것도 하나의 전략이라고 본다.

이렇게 난 국내 순위 안에 드는 대학 두 군데에 합격했다. 두 곳 다 내가 좋아서, 공부 과목이 마음에 들고, 다양한 프로그램이 좋아 지원했지만 어느 대학에 가야 할지 행복한 고민에 빠졌다. 일을 하며 다니는 것이기에 내 스스로 부담이 커서 이왕이면 집과 가까우면서 장학생으로 붙은 대학을 선택하였고, 현재는 대학교 2학년 2학기를 맞이해 많은 것도 배우고 관련 자격증도 취득하며 내 인생의 전성기를 보내고 있다.

아마도 황금기는 이제 내가 무엇을 하면 좋아하고 빠져드는지와 싫어하는 것을 했을 때 어떤 행동을 보이는지를 정확히 파악하게 되었을 때, 무엇을 해도 걱정 없이 평온할 때가 아닐까? 황금이다 보니 내 인생 중 가장 빛나는 때일 듯한데, 그 시기가 찾아오기 전까진 나 자신을 더 알아가는 데 시간을 쏟아 볼 것이다. 1년 전쯤부터 '남에겐 갖추고 대접하면서 왜 난 날 돌보지 않는가?' 이 생각을 하다 일주일에 하루 정도는 나 자신과 데이트하는 시간을 가져 보기로 정했다. 무엇을 할지 정하지 않은 체 그냥 몸이 이끌리는 곳으로 가는 것이다.

계획을 세우지 않는 즉흥 여행을 해 봤는데 신세계였다. 보통 여행을 간다고 하면 몇 시부터 몇 시까지 이곳에 있다가 다음 장소로 이동하는 계획을 세운다. 나 또한 그랬었다. 단순히 여행이라는 단어만 보고 시간에 얽매이고 다시는 못 올 것 같다는 것에 집착했기 때문이다.

기존에는 관광객들만 가는 곳을 집중적으로 다녔는데, 사람이 많아 함께 간 사람들과 대화하기 힘들었고, 추억을 남길 만한 행동을 하지 못했다. 즉흥 여행의 묘미를 알고 나서부턴 가 보고 싶은 지역만 찾은 후 그날 이끌리는 곳을 간다. 오히려 '이 지역에 있는 이런 숨겨진 곳을 내가 찾았다고?' 이러한 생각도 하며 자연과 풍경을 눈에 더 담아 오게 된다. 그렇게 나를 위한 시간에는 멍을 때리거나, 독서 카페에 가거나, 주변 소음이 들리지 않는 (Noise Canceling)이어폰을 끼고 산책을 한다. 이 시간을 확보함으로써 건강한 내가 되는 것 같고, 스스로를 아껴 줄 시간이 생겨 만족도가 높다. 혼밥, 혼여(행), 혼카(페)가 늘어나고 있는 지금, 나 자신과 데이트하는 시간을 가져 보는 것은 어떨까? 별것 아닌 것 같지만 도전해 보라고 추천하고 싶다. 전성기를 맞이하고 있는 지금, 《당신이 듣고 싶은 말은 최종 합격입니다》 책을 내게 된다. 새로운 주제의 책이 나올 때쯤 나는 황금기에 서 있지 않을까…. 조심스레 기대해 본다.

07

°실패를 두려워하지 않았으면 한다.

인생은 선택의 연속, 두 갈림길에 맨날 서게 된다. 거기서 우리는 어떤 선택을 해야 실패 확률이 적을까? 20대에 들어서면 힘든 시기가 찾아오는데 학교와는 또 다른 사회에 발을 디뎌서 더 그런 것 같다. 사회 초년생일수록 실패도 해 보고 다시 일어서는 것을 많이 해 봤으면 한다. 실패를 겪고 그 순간이 지나고 나면 그 과정이 있었기에 지금의 내가 있다는 것을 깨닫게 된다. 실패를 하고 나면 경험해 본 것과 안 해 본 것의 차이가 있듯 자신감이 우선 샘솟고, 큰 위기가 찾아와도 헤쳐 나갈 수 있다. 머리로 알았던 것과 몸으로 직접 해서 뇌가 기억하는 것은 엄연히 다르다는 소리이다. 결과에 크게 연연하지 않고 경험을 하고 있는 그 자체, 그 순간을 열정적으로 몸소 즐기는 것이 우리에게 필요하다.

싱크대에 물을 틀어 놓고 젓가락이 물을 통과하지 않도록 손으로 빼내는 법을 아는가? 이게 도전이고, 생각이다. 우리는 물을 묻히지 않기 위해 다양한 연습, 시행착오도 겪으며 결국엔 젓가락을 빼내게 되어 있다. 다만, 실패 횟수와 성공의 시기가 다르다는 것을 기억하면 된다. 젓가락이 물에 잠시 닿았다 해서 무슨 큰일이 나진 않으니 우선 도전부터 해 보자.

도전에 앞서 많은 이가 고민하는데, 나 역시 그렇다. 우리 몸이 아직 받아들이지 않았기에 우리 몸을 변화시켜 스스로 적응할 수 있도록 해야 한다. 하지 않고 찜찜한 마음을 계속 유지하며 후회하는 것과 하고 나서 후회하는 건 차원이 다르다. 무언가를 하고 싶기는 한데 시도와 도전을 하지 않고 넘겨짚으면 평생의 후회로 남게 된다. 그냥 아무것도 하고 싶지 않을 때 무엇을 하려 달려들지 말고 평소 본인이 좋아하는 것을 하자. 그러면 하고 싶은 게 무엇인지 떠오를 것이고, 시행하려 몸을 움직일 것이다.

마음은 하고 싶은데, 몸이 움직이지 않을 때 난 우선 그냥 밖으로 나가, 사람들이 많이 몰리는 동네 길거리와 골목 곳곳을 돌아다닌다. 호기심을 유발하는 것들로 채워 놓은 매장, 골목 곳곳마다 느껴지는 분위기를 보고 나면 세상엔 정말 생각지도 못한 것을 표현하고, 이뤄 내는 사람들이 많음을 느낀다. 이를 통해 생각의 틀을 조금 깨야겠다는 생각을 하고 돌아온다. 이게 내 자극받는 방법인데 그렇다면 여러분이 자극을 받는 방법은 무엇인가? 없다면 이번 기회에 한번 고민해 보았으면 한다.

Q) 외부로부터 자극을 받아 곧장 실행하게 되는 본인만의 방법이 있나요?

08

**긍정적인 생각들로 머릿속을 채우며
힘든 시기를 잘 버텨 나갔으면 좋겠다.**

사람은 누구나 살아가며 최고의 시기를 보낼 것인데, 그 시기는 각자 다 다르다. 가상화폐(=비트코인)가 인기를 끌고, 코로나19가 한창 유행이었을 때 주식시장이 흔들리면서 '존버'라는 단어가 생겨 인기를 끌기 시작했다. '존나 버티기'의 준말로 어떠한 경우에도 꿋꿋하게 버틴다는 의미를 가지고 있다. 요즘 이 말을 주식을 벗어나 게임, 일, 역경과 고난이 있을 때도 많이 쓰더라. 사회 이슈와 트렌드에 따라 매년 신조어가 생성되는데, 시대의 흐름을 따라가다 보니 이 신조어를 주제로 기업에서는 집단 토론 면접도 이뤄지는 상황이다.

한동안 유행을 하다가 사라진 말도 있고, 세월이 지나도 계속해서 사용되는 말도 있다. 특히 '존버'는 오랫동안 사용되는 신조어에 속하는 것 같다. 사실 이 말을 대체하는 속담은 많다. 대표적으로 오랫동안 사용해온 "고생 끝에 낙이 온다."인데, 아무래도 말이 길고, 짧은 단어가 입에 더 잘 붙다 보니 줄임 표현을 많이들 쓰는 것 같다.

이렇게 존버 이야기를 길게 꺼낸 이유는 공기업을 5년간 준비하다 포기하려고 마음을 먹은 당일, 합격했다는 글을 인터넷 카페에서 우연히 봤기 때문이다. 우선 보이지 않는 곳에서 많은 노력을 가했고, 마음적으로도 고

생했으니 수고했다는 말을 전해 주고 싶다. 많은 시간과 정성을 투자했지만, 합격보다는 탈락이라는 결과를 볼 때가 더 많아 스스로를 자책하게 되는 게 취준생의 취업 준비 시기 현실 모습이다.

취업을 준비하는 모든 사람에겐 응원보다 위로의 말이 가장 필요하다. 그들은 너무 쉼 없이 달리기만 하기 때문이다. 때로는 지친 내 모습을 보지 않은 채 괜찮은 척 넘겨짚고 바쁜 나날을 보내다 마음이 미어지는 날이 갑자기 몰려서 찾아온다. 한창 취업 준비로 힘든 시기를 보낼 때 주위에서는 곧 합격할 것이라며 지금도 잘하고 있다고 해줬다. 말로는 고맙다 답해줬지만 이 위로의 말들이 전혀 힘이 안 될 때도 있었다. 그들은 내가 겪은 상황, 감정을 온전히 알 수 없기 때문이다. 위로를 건네는 그들도 어떤 말이 상대에게 위로가 될지, 혹여나 자신이 한 말로 상처를 받지는 않을 지 마음 속으로 깊이 생각한 뒤 위로의 말을 꺼내고 있음을 난 알고 있다. 내가 바란 위로와 응원, 축하는 이게 아닌데…라고 생각하기 보다는 "지금 내 상황이 이런데 내 이 복잡한 마음을 풀어줄 네가 필요해."라며 내 마음을 알릴 필요도 있다. 이 말을 상대에게 던짐으로써 우리는 이미 마음 속 깊이 쌓여 있던 감정, 고민거리를 세상 밖에 꺼냈다는 것에 1차적으로 마음에 안정이 찾아온다.

복잡하게 생각할수록 시간만 흐를 뿐, 다음 일정을 놓칠 수도 있다. 복잡하게 생각 말고 혼자 나가서 맛있는 것도 먹고 예쁜 것도 눈에 담고 스트레스도 풀며 그간 수고한 나 자신을 아껴줬으면 한다. '아, 이번에 결과가 좋지 않네. 다음에 얼마나 더 좋은 곳에 합격하려 이러지?' 이렇게 긍정적인 생각들로 머릿속을 채우며 힘든 시기를 잘 버텨 나갔으면 좋겠다. 나중에 우리가 꼭 듣게 될 말은 최종 합격이니까.

지나간 일들을 떠올리지 말 것

이미 일어나거나 나온 결과에 후회하지 말고 받아들일 것

누구보다 가장 소중한 건 내 자신이라는 것을 잊지 말 것

그리고 기억할 것

취업을 준비하는 그 시즌이 인생에서 가장 기억에 남고

처음으로 바쁘게 보낸 순간임을

09

˙나이 앞에서 작아지지는 말았으면 한다.

100세 시대를 넓게 펼치었을 때 나이는 중요하지 않다고 본다. 하늘 아래, 모든 사람에게 공평하게 주어지는 건 시간이다. 이렇게 똑같이 주어진 시간을 바쁘게 보낸 사람은 "오늘 시간이 어떻게 흘렀는지 모르겠네. 뭐 했다고 벌써 저녁이 되었냐?"라고 말을 한다. 주어진 시간은 같으니 시간이 짧다면 짧고 길다면 길게 느껴지는 건 본인이 하기 나름이다.

학벌 중심이 아닌 능력 중심, 노력하면 이뤄지는 사회가 되어 가는 것 같아 좋다. 20대는 말할 것도 없고 요즘 들어 60, 70대에도 성공기를 책에 쓴 사람을 많이 보았다. 이 실제 사례들이 있으니 도전을 하려는 사람들에게 큰 위안이 되어 줄 것이라 본다.

넷플릭스에서 꽃다운 나이에 또는 또래 친구들이 부모가 되어 TV에 출연하는 프로그램을 한 편 본 적이 있다. 서툴지만 어떻게든 아이를 돌보는 모습에 대견하다고 생각은 하지만 아쉬운 점은 늘 있다. 아이도 있고, 학창 시절 학업을 마무리 짓지 못해 이미 때가 지났다고 판단하더라. "제 꿈이 ○○○이었는데요. 아이를 낳고 '너무 늦은 건 아닐까? 또래에 비해 뒤처진 게 아닐까?'라는 생각에 접게 되었어요."라고 말을 하면 MC는 "나이가 뭐가 중요하냐. 무언가 하고자 하는 마음과 목표가 머릿속에 있다면 지금이라도 늦지 않은 거다."라고 답한다. 이건 개인적으로 맞는 말이라고 본다.

누구나 살아가며 해 보고 싶고, 이루고 싶은 게 한 가지 정도는 있을 것이다. 우리는 그것을 실행할 능력을 갖추고 있다. 새로운 도전과 가능성은 늘 열려 있으니, 도전하는 시기가 늦다는 표현은 맞지 않다. 그리고 새로운 도전 앞에서 나 스스로에 대한 믿음을 견고히 해 보자. 처음부터 잘하고, 잘되는 사람이 어디 있겠는가? 그들도 넘어지고 다시 일어서는 과정을 거쳐 남들이 부럽게 생각하는 성공한 사람이 된 것이다.

10

인생을 살아가며 꼭 해야 할 것들이 있다.

메모하는 습관 기르기

우리는 일상에서 메모를 많이 하고 있다. 마트에서 장을 보기 위해서 필요한 것을 메모지에 적는 것, 중요한 업무 사항을 적는 것, 상대방과 통화에서 요점을 적는 행위 자체가 메모다. 중요 사항을 잊지 않고, 기록하기위해 시작했지만 결국엔 다 이뤄 내고 만다. 사람은 24시간 동안 정말 셀수 없을 정도로 입술 주변의 많은 입 근육을 사용하여 이야기, 정보들을 내뱉는다. 당연히 이해했으니 잊지 않을 거라 확신하지만 본인의 일, 신경 써야 할 것들이 많아지면 한계가 온다.

모든 것을 기억할 수는 없으니, 가장 효과적인 방법은 메모하는 습관을 기르는 것이다. 습관이 들기까지 처음엔 힘들 것이다. 몸은 아직 받아들일준비가 되지 않았기 때문이다. 대부분의 사람은 메모라 하면 거창하게 생각하여 값비싼 노트, 필기구를 구매하는데, 다 필요 없다. 눈앞에 보이는것도 좋고, 필기하기 편한 볼펜 한 자루와 한 장씩 떼어 필요한 곳에 붙여둘 수 있는 메모지 하나면 준비 끝이다. 문구점에 갔는데 이제 메모지도 플래너, 체크 리스트, 시간표 등 종류가 많이 늘어났더라. 많은 사람이 활용하고 있고, 상황에 따라 다르게 사용해야 해서 점점 늘어나는 것 아닐까?

메모의 목적은 머릿속으로 생각하던 걸 가둬 두는 게 아니라 시각적으로 기록해서 잊지 않는 것이다. 난 항상 메모지와 볼펜 하나를 가방에 넣어 다닌다. 서 있는 장소마다 생각나는 게 다 다르고, 갑자기 생각나는 것이 있기에 내 머릿속에서 떠오른 생각들을 지우기 싫었다. 이 사소한 행동이 습관이 되다 보니 하루 동안 메모장에 이런저런 내용을 적어 두고 집에 도착해 창문에 붙여 두면 오늘은 어떤 일이 있었는지 스쳐 지나가면서 앞으로 준비해야 할 것들은 무엇인지 싹 정리가 되어 좋았다. 이 글을 읽는 여러분 모두 조그마한 포스트잇, 읽고 있는 책, 카페에 있는 냅킨 한 장, 핸드폰 메모 앱 등 종류는 상관없으니 항상 소지하고 다니며 메모하는 습관을 길러 보았으면 한다.

보이지 않는 곳 정리 잘 하기

어질러진 옷장, 핸드백 속 헝클어진 물건으로만 예를 들면 겉으로는 멀쩡한데 속은 뒤죽박죽이라는 공통점이 있다. 보이지 않는 곳까지 신경을 쓴다면 타인은 '다른 곳도 깨끗하겠지.' 이렇게 생각하게 된다. 아무리 비싼 것을 들고, 질 좋은 제품을 가졌다지만 정리 정돈이 되어 있지 않다면 그것은 저가품과 다름없다고 생각한다. 인간은 적응의 동물이다. 계속해서 이런 환경에서 살아간다면 지금 나의 생활 방식이 맞다고 판단하여 평생을 지저분하게 살아갈 것이다. 보통 본인이 지내는 공간, 집의 모습을 통해 그 사람의 내면을 살필 수 있다. 지금 당장 본인 주변을 앞뒤 좌우로 살펴봐라. 서랍이 있는가? 그렇다면 서랍 속을 한 번 살펴보아라. 책상 위에 물건이 늘어져 있어 지저분해 보이지는 않은가? 그렇다면 원래 있어야 할 위치로 물건을 다시 가져다 놓아라.

성공한 사람들을 살펴보면 정리 정돈이 된 쾌적한 환경에서 모든 일을 시작하는 것과 같이 주변이 깔끔하면 집중이 잘되고, 효율이 높아져 신선한 생각을 하게 되고, 좋은 성과를 낼 수 있다고 하더라. 나 역시 주변이 지저분하면 아무것도 하기 싫어진다. 그래서 정리, 환기부터 하고 본다. 모델하우스 같은 집에 사는 게 모두의 로망일 것이라 본다. 그렇다면 보이는 곳과 보이지 않는 곳을 어떻게 정리해야 내가 사용하는 공간을 딱 필요한 물건들로만 비치하면서 아늑하고 햇살 가득한 나만의 집으로 탄생시킬 수 있을까? 이건 본인의 노력과 생활 패턴으로 바꿀 수 있다.

첫째, 가성비, 접근성 좋은 다이소에 들러 1,000원짜리 수납함을 구입하자. 서랍 속에 물건을 막 늘어놓을 게 아니라 용도에 따라 구분 지은 물건을 각 수납함에 넣자. 예를 들어 수저는 수저대로, 젓가락은 젓가락대로 구분 지어라. 의외로 겉은 멀쩡하고 속은 엉망인 수납함이 많다. 미리 구분해서 정리해 두면 필요할 때 딱 쓰기 좋고 생각보다 공간도 넓어지며 보기에도 깔끔하다.

둘째, 가방은 파우치를 구매하여 그 속을 깔끔하게 유지해 보자. 실제로 지하철에서 어떤 한 사람의 가방을 보고 내가 괜히 부끄러운 적이 있다. 가방 속에 개인용품, 선이 뒤엉킨 이어폰, 쓰레기가 구겨져 있었기 때문이다. 파우치 생활화가 적응되면 내 물건이 외부에서 보이지 않고, 공공장소에서나 외부 활동 시 파우치만 쏙 빼면 되니 오히려 편할 것이다.

● 오늘의 집 사이트 : 살림 수납 창 클릭

카테고리	주요 내용
살림 꿀팁	·다이소 네트망으로 정리 수납하는 법
청소 루틴	·주말 아침 청소 루틴
미니멀 라이프	·좁지만 예쁘게 살아가고 싶은 자취생을 위한 아이템, 인테리어 꿀팁

지금. 것.

● **가고 싶으면 지금. 갈 것.**

교통수단부터 예매해라. 환불, 결제 비용이 아까워서라도 준비하게 되어 있다.

● **보고 싶으면 지금. 보러 갈 것.**

내일은 없다는 마음으로 살아가야 한다.
보고 싶은 영화, 내 사람을 내일 못 본다면 얼마나 허무하고 슬플까…
지나간 날은 돌아오지 않아 평생 후회로 남는다.
모든 것이 빠른 이 한국에서 살아간다면 못 할 것이 없다.

● **하고 싶으면 지금. 할 것.**

시대가 변할수록 제약이 생기고, 내가 생각했던 부분을 누군가 시도했을 수 있다.
시작하고 나서 생긴 후회는 잊고 새로운 방법으로 다시 시작할 수 있지만,
시작하지 않고 생긴 후회는 평생 너의 발목을 잡을 것이다.

● **먹고 싶으면 지금. 먹을 것.**

한 입을 먹더라도 먹고 싶은 것이 생기면 먹자.
배달 앱만 켜도 10분 안에 오는 세상이다.
유튜브를 보며 느끼는 건데 세상엔 정말 쩝쩝 박사들이 많다.
어떻게 생각하지도 못한 조합을 생각해 내어
국내를 넘어 해외에서도 따라 하게 만드는가 정말 신기할 따름이다.

Q) 여러분이 지금 하고 싶은 것은 무엇인지 상상하며 아래 해시태그에 적어보세요.

\# 가고 싶은 곳

\# 보고 싶은 것

\# 해보고 싶은 것

\# 먹고 싶은 것

바쁘다고만 했다면 이 책을 쓰지 못했다.

직장을 다니며 대학을 다니고 있는 요즘, 여름 방학이 시작되었다. 우리는 초등학생 때부터 여름, 겨울 방학 알차게 보내기라고 해서 계획표를 그리고 다양한 계획을 채워 넣기 시작한다. 어릴 적 기억을 회상하다 문득 이런 생각이 들었다. 그렇다면 성인이 된 나는 여름 방학을 어떻게 알차게 보내야 할까? 비가 흠뻑 내리는 주말, 알차게 보낼 만한 목표가 하나 정해졌다.

정말 꾸밈없는 편안한 복장으로 스타벅스에 갔는데 가방 안에 있는 조그만 노트 하나가 눈에 띄었다. 그 노트는 평소 갑자기 생각나는 내용이나 단어를 단 한 줄이라도 적어 놓는 내 비밀 노트였다. 그러나 노트에 적힌 내용이 너무나 많았고, 물이 쏟아진 게 말라 종이가 불어났던 것처럼 볼펜 눌린 자국으로 종이가 우글우글 불어 있었다. 이렇게 자유분방하게 적힌 내용을 하나의 책으로 깔끔하게 만들어 평생을 간직하고 싶었다. 카페에 갔을 뿐인데 이렇게 갑자기 책 한 권을 전국의 서점에 출판하겠다는 목표를 잡아 이번 여름 방학을 알차게 보낼 수 있게 되었다.

과거엔 글을 쓴다는 건 작가나 하는 줄 알았다. 또, 어른이 되면 바빠서 할 수 없다는 고정관념과 핑계를 길게 가졌던 나다. 나를 위한 시간을 가지면서 서점을 가게 되었고, 자기 계발과 성공 분야의 책을 몇 권 읽으면서 세상엔 부지런히 사는 사람들이 많음을 느꼈다.

보통 책 한 권을 만드는 데 100~200페이지를 기준으로 잡고 원고를 쓴다. 노트에 적힌 내용을 이렇게 깔끔히 한 페이지로 만들 수 있었던 비결은 바로 틈새 시간 쪼개기다. 평일 하루 기준, 틈새 시간을 따져 보니 아침 출근을 위한 교통편 30분, 점심 먹고 회사에 들어와서 막간의 1시간, 퇴근길 교통편 30분, 이렇게 총 2시간이었다. 자칫하면 무의식으로 버려질 시간이었는데, 애플 스크린 타임 분석을 하다 보니 틈새 시간을 쉽게 찾을 수 있었다. 틈새 시간 활용을 시작한 지 2년이 다 되어 간다. 이 시간을 잘 활용함으로써 자유 시간을 확보할 수 있어 좋다.

두 달간 난 틈새 시간 2시간 활용+샤워 후 취침 시간(새벽 1~2시)까지 7시간 확보+주말 아침부터 저녁까지 이 모든 시간을 원고를 쓰는 데 올인해 버렸다. 같은 장소, 같은 생활 패턴은 날 지루하게 만든다는 걸 스스로 아는 난 집, 카페, 침대 중 그날의 기분, 분위기에 따라 장소를 옮겨 다녔다. 이 방식이 좋은 게 장소가 주는 힘이 있고, 글을 쓰는 도중 막히었을 때 장소를 바꾸면 새로운 주제가 막 떠오른다. 이는 마치 가수가 곡을 하나 내기 위해 가사를 쓰기 전 본인만의 방법으로 영감을 받는 행위와 같다.

어쨌건 난 《 당신이 듣고 싶은 말은 최종 합격입니다 》 책을 내는 데 성공했고, 결국 해내고야 말았다. 내 마음속 생각과 그간 쌓여 있던 감정들이 정리되면서 속이 후련해졌고, 글쓰기가 재밌다는 것을 깨달았다. 이번 도전이 다음 도전을 하는 데 있어 밑거름이 될 거라 믿는다.

다가올 미래까지 미리 생각해 두는 난 '다음에 낼 책은 주제가 언제, 어떻게 해서 정해질까?' 이 부분까지 상상하게 되었다. 이번에 이 글을 쓰는 것도 내 몸속 깊이 숨겨 둔 내용을 세상에 꺼냄으로써 과연 어떤 후기가 남겨질지 궁금하고 기대된다. 항상 남들이 생각하는 내 모습은 무엇일까 생각하고, 잠들기 전 오늘 하루 동안 내 행동들을 떠올리며 되짚게 된다.

그간 지인에게 내 평소 모습에 대해 들었는데, 이제는 실제로 만나 뵙지 않은 분들이 책 한 권 속에 담긴 그 내용만으로 나를 객관적으로 평가해 주실 테니 생생한 후기들이 들릴 것 같아서 더 기대되기도 하고, 새롭게 들려올 후기를 받아들일 준비를 하는 중이다. 앞으로도 끊임없이 새로운 도전을 통해 나 자신이 살아 숨 쉬고 있음을 증명해 보이고 싶다. 그러려면 더 아등바등 살아야겠지?

당신이 듣고 싶은 말은 최종 합격입니다

1판 1쇄 발행 2023년 10월 27일

지은이 유혜빈

교정 주현강 편집 이새희
마케팅·지원 김혜지

펴낸곳 (주)하움출판사 펴낸이 문현광

이메일 haum1000@naver.com 홈페이지 haum.kr
블로그 blog.naver.com/haum1000 인스타 @haum1007

ISBN 979-11-6440-428-5(03190)